一位浪漫主义者的反叛：

埃德蒙·柏克政治思想研究

段微晓　著

山东大学出版社

图书在版编目(CIP)数据

一位浪漫主义者的反叛:埃德蒙·柏克政治思想研究/段微晓著.—济南:山东大学出版社,2018.11
ISBN 978-7-5607-5462-8

Ⅰ.①一… Ⅱ.①段… Ⅲ.①柏克(Burke, Edmund 1729-1797)－政治思想－研究 Ⅳ.①B561.299

中国版本图书馆 CIP 数据核字(2017)第 310334 号

责任策划:徐 翔
责任编辑:徐 翔
封面设计:张 荔

出版发行:山东大学出版社
社 址 山东省济南市山大南路 20 号
邮 编 250100
电 话 市场部(0531)88364466
经 销:新华书店
印 刷:济南景升印业有限公司
规 格:700 毫米×1000 毫米 1/16
12.25 印张 200 千字
版 次:2018 年 11 月第 1 版
印 次:2018 年 11 月第 1 次印刷
定 价:36.00 元

序

埃德蒙·柏克在西方政治思想史上占有一个十分独特、十分重要的地位。他的思想是丰富的,也充满了矛盾。他的人格是复杂的,也引来了研究与评价方面的分歧与争议。这都给对他思想的研究带来了许多的困难。柏克同许多政治思想家的不同之处在于:他不是一位书斋式的学者,他活跃于英国政坛、参与实际政治活动近30年。

柏克既是保守主义之父,又是浪漫主义的先驱。通过对启蒙思想之缺陷的反思和批判,柏克得以形成和阐发审慎(实践的政治理性)的思想;他对英国既存宪政制度的情有独钟,根本缘于他坚持“相沿成习”(prescription);他对待“三次革命”的不同态度又显示了他身上激进与保守的双重色彩。这些无不展示了其思想中并存的偏见与洞见,亦使得他的思想在今天仍魅力不减。

本书以马克思主义辩证唯物主义和历史唯物主义为基础,系统地阐述和分析了柏克的这些政治思想。特别是马克思主义阶级分析方法的运用抓住了柏克政治思想的实质,进而辩证地对其政治思想进行评析,并客观地得出其对我国政治文化建设的现实启示。

本书成稿是在我的博士论文基础上修改而来的,整个论文框架和内容都得益于恩师刘鸿鹤老师的细心指导和逐句审视,不可不谓呕心沥血,诉不尽感激之情。在成书过程中有幸认识山东大学出版社的徐翔编辑,她认真的工作态度深深感染了我,对她的付出深表感谢。

段微晓

2018 年 10 月

目　录

绪　论 …………………………………………………………… (1)

一、问题提出与研究意义 …………………………………… (1)

二、国内外相关研究综述 …………………………………… (4)

三、主要研究方法与内容 ………………………………… (14)

第一章　柏克政治思想形成的历史背景与理论渊源 …………… (18)

一、柏克政治思想形成的历史背景 ……………………… (18)

二、法国大革命的爆发与激进主义思潮涌现 …………… (26)

三、柏克政治思想的理论渊源 …………………………… (30)

第二章　柏克对启蒙思想之缺陷的反思和批判 ………………… (40)

一、对启蒙理性弱点的反思和批判 ……………………… (42)

二、对理性主义宗教观的反思和批判 …………………… (53)

三、对个人主义的反思和批判 …………………………… (60)

第三章　柏克的宪政思想 ……………………………………… (66)

一、宪政与传统 …………………………………………… (67)

二、宪政与政党 …………………………………………… (86)

三、宪政与贵族制 ……………………………………………………（90）

第四章　柏克对英、美、法所发生革命的观点与立场 ………………（96）

一、英国1688年“光荣革命” …………………………………………（96）
二、美国革命 ……………………………………………………………（99）
三、法国大革命 …………………………………………………………（115）

第五章　柏克政治思想的评析及其现实启示 ………………………（140）

一、理论实质及其局限性 ………………………………………………（140）
二、柏克政治思想对西方保守主义思潮和英美政治实践的影响 ……………………………………………………………………………（152）
三、柏克政治思想对当代中国政治文化建设的启示 …………………（162）

附　录　柏克小传 ……………………………………………………（168）

一、家庭的混合宗教背景 ………………………………………………（168）
二、早期文学写作的经历 ………………………………………………（170）
三、历史与法律的研习 …………………………………………………（172）
四、英国下院议员的政治实践 …………………………………………（176）

参考文献 ………………………………………………………………（180）

一、中文部分 ……………………………………………………………（180）
二、英文部分 ……………………………………………………………（184）

后　记 …………………………………………………………………（187）

绪论

一、问题提出与研究意义

从斯图亚特王朝建立以来，英国王权与国会之间的斗争始终在进行着，而1688年"光荣革命"促成了君主立宪制的确立，实现了"王在法下"，这是宪政(constitutional government)的胜利。不过，这个制度并不是民主的，而是贵族的，少数人通过家族纽带及收买等腐败手段操纵议会，再通过议会控制政权。多数人被排除在政治权力之外，一小批贵族牢牢地把持着国家政权。由贵族制向民主制过渡显然需要新的变革。

今天，人们对英国式的发展道路越来越重视，国外不少人认为它是完成变革的一种理想方式。但这种方式有其必要的社会历史条件，它能够在英国形成，是有其相当深刻的文化背景的。而这个背景中一个重要的因素就是英国历史上稳重守成的、具有保守主义意味的政治文化传统。

英国的保守主义是一种稳重守成的力量。它并不一味顽固地反对进步，而是对变革的进程和方式持审慎的态度。当现存制度尚能满足人们的需要时，它就坚定地守住阵地；但当已有的体制已经不能满足现实的需要时,它就允许某种程度的变革。如果说在1790年,保守主义还只是一种政治本能的反映,那么到法国大革命爆发时,它就上升为完整的理论体系了,其集大成者是埃德蒙·柏克(Edmund Burke,1792~1797)(又译"埃德蒙·伯克")。柏克是杰出的政治家和政治思想家,在西方政治思想史上占有十分重要的地位。他的《法国革命论》(*Reflections on the French Revolution*,1790)一书,奠定了他在西方近代史上保守主义之父的地位。20世纪西方新保守主义思潮的理论领袖拉塞尔·柯克(Russell Kirk)等人推崇柏克为和平、秩序、美德的主要捍卫者。

英国1688年"光荣革命"后,确立了资本主义的生产关系,18世纪的英国出现了经济发达、商业繁荣、政治稳定的局面。而作为英国殖民地的印度和北美,以及欧洲大陆则处于一片动荡和骚乱之中,革命运动时有发生。柏克的政治思想就是在这种政治背景下逐渐形成的。他同情印度和北美殖民地人民对宗主国的抗争,然而对法国大革命柏克则进行了猛烈尖锐的批评与挞伐。在《法国革命论》中,柏克讨论了法国革命的实际进程,分析了革命领导者的个性、人格、动机和策略,并批判了导致革命爆发的"平等"和"人权"的思想,指斥了法国革命者对秩序和自由的破坏。

柏克既是保守主义之父,又是一位浪漫主义的先驱。他批评启蒙运动所倡导的理性至上主义,指出仅靠理性不足以规范人们的行为和维护社会的秩序与和谐,必须由承载着道德规范的传统思想与习俗来制约人们的欲望和冲动。启蒙思想家们主张彻底抛弃传统思想与习俗,仅仅靠理性指导与维系社会,而这在柏克看来是天真与荒谬的。柏克认为理性是脆弱的,其作用是极为有限的,尤其是对大众而言。因为大众对社会章法与制度的接受并非是基于一种理性上的逻辑分析和深思熟虑,而是由于这些章法与制度是经历了长期的、世世代代人们的历史实践的检验而被证明了是正确的、合理的。

他推重审慎，亦即实践的政治理性，主张原则与权变、策略的结合。权变不可被用于邪恶的目的，审慎服务于道德自然法。但仅有原则而没有策略与机变，就无法应对错综多变的政治形势。柏克反对那种从概念到概念的抽象的理性，然而他并不是无区分地否定一切理性。他所主张的实际上是一种政治理性(political reason)或实践的政治理性。政治家正是凭借这种政治理性指导政治的行动，从而实现政治的目标。他认为思辨哲学家的任务是规划政治的理想，而政治家(philosopher in action)的任务则是找到实现这种理想的恰当的途径、方法或手段。与其说柏克的著述是写给哲学家的，还不如说他是写给具有哲学头脑的政治家的，因为柏克本人就不是一位书斋式的学者，而是一位哲学家兼政治家。

他反对将个人与社会割裂的个人主义，认为社会的生存和发展及每一个社会成员的福祉，都有赖于个体对于群体的依附和归属。他指出，个人的活动不仅要受到其同代人的活动的制约，而且还要受到以往历代人的活动的制约。所以他说，个人是愚蠢的，而人类是智慧的，因为智慧来自人们世世代代的积累与传承。对传统的极端的否定是启蒙思想家的一个显著的特点，他们把传统等同于迂腐和偏见。而柏克则认为这表现出启蒙思想家的一种轻率和浮躁。

柏克是一个杰出的政治思想家，但是他的思想有着明显的阶级的局限。他是一个仰慕和向往贵族阶层的资产阶级的代言者。他出身于爱尔兰一个富有的律师家庭，作为英国下院的议员，他代表着选区商人阶层的利益，同时他还拥有相当可观的田产。如同洛克和亚当·斯密，他主张经济上的自由放任主义(laissez-faire)，他关切的核心是维护资产阶级追求无限财产的权利。所以在这一点上，他又不是一个彻底的浪漫主义者。他既要捍卫传统的等级制的政治与社会秩序，又坚信资本主义经济制度的正当性和必要性。维护上层阶级的财产权，是柏克关切的焦点。他之所以拥护英国革命和美国革命，而又激烈地反对法国大革命，最主要的也是根源于这一点。

作为18世纪英国杰出的政治思想家，柏克的感觉敏锐，思想深刻，但又充满了矛盾：一方面，他对于北美殖民地和印度人民反抗殖民统治的斗争寄予了同情；而另一方面，他的资产阶级的背景与地位又使得他在强调各种阶层利益的妥协与协调时，往往忽略了上层社会与平民之间经济利益与政治观点的矛盾与冲突，并在实质上否定了下层人民的利益。

总之，柏克在西方政治思想史上占有十分独特、十分重要的地位。他既是保守主义之父，又是浪漫主义的先驱。他指出仅靠理性不足以规范人们的行为和维护社会的秩序与和谐，必须由承载着道德规范的传统思想与习俗来制约人们的欲望和冲动。他推崇审慎，亦即实践的政治理性，主张原则与权变、策略的结合。权变不可被用于邪恶的目的，审慎服务于道德自然法，又指出仅有原则，没有策略与机变就无法应对错综多变的政治形势。他批判个人主义的弊端，反对将个人与社会割裂，认为社会的生存和发展及每一个社会成员的福祉，都有赖于个体对于群体的依附和归属。这些思想都值得我们深入研究与思考，并对我们今天的社会与政治实践具有一定的启示与借鉴的意义。

二、国内外相关研究综述

（一）国外对柏克政治思想的研究

西方学者对柏克政治思想的研究较早，且已取得了显著的成果，有关柏克的专著有100余部，由于笔者能力有限，有关国外对柏克政治思想的研究文献仅做了有限的搜集，希望在今后的研究中能有所弥补。

在西方学术界，从19世纪以来人们对柏克的政治思想进行了比较深入的研究。19世纪维多利亚时代基本上是政治自由主义的时代，当时的自由主义者往往把柏克界定为讲求功利的自由主义者。人们的注意力集中在他早期的著作和演讲上。他被认为是专制王权以及势力遍及北美和印度的英国殖民主义的批判者，是自由放任的市场经济和宗教信仰自由的倡导者，以及辉格党革命的拥护者，是辉格主义理论的奠基者约翰·洛克的同路人和继承者。因此，他赢得了19世纪自由主义者的赞誉。当时英国自由主义的代表人物之一约翰·莫利(John Morley，1838～1923)在他的著作中就宁愿忽略柏克晚期的那些明显具有保守主义色彩的论著，而把柏克说成是维护宪政的自由主义者。莫利写过两本关于柏克的书：《埃德蒙·柏克：历史的研究》(*Edmund Burke*：*A History Study*，1867)和《柏克》(*Burke*，1879)，后者是他主编的英国作家传记丛书中的一种，是更为严谨也更有影响的著作。莫利认为柏克是当时政治生活的中心人物，是辉格党的思想灵魂，而且无人能像他那样"成功地运用思想家的普遍思想判断政治家的特殊问题"①。莫利不能够赞同柏克反对法国革命的立场，但认为柏克这方面的观点的错误是由于他不能恰当地了解这场革命。和柏克一样，莫利强调柏克作为一个改革家的活动和他的自由主义观点，同时，他又认为柏克的思想中存在着两种倾向，即"功利主义者的自由主义"和"历史的保守主义"，只不过在评价法国大革命的问题上后者占了上风。②

当时著名的历史学家巴克尔(Henry Buckle，1821～1862)也基本上持同样的观点。巴克尔是"科学"历史思想的早期代表，坚信维多利亚时代的理性主义和启蒙价值观，巴克尔在援引柏克在野时对政府的攻击时指出，柏克强调政府存在与运作的目的是为全体人民谋幸福，因此政府应服从公众的愿望。他还为柏克辩解，认为在法国革命期间，柏克"溺于一种完全幻觉的状态之中"，他的"感情"不幸"控制了他

---

① Conor Cruise O'Brien. *The Great Melody*. Chicago：The University of Chicago Press，1992，xxxviii.

② John Morley. *Burke*. London：Macmillan Publishers Ltd，1913，p. 215.

的理智”，因此，不必苛责柏克对法国革命的荒谬的看法。

20世纪早期，政治自由主义的主流作家大部分是追随莫利解释柏克的思想倾向的，只有一些细微的不同。著名的政治思想史学者查尔斯·沃恩(Charles E. Vaughan)，一位研究柏克思想的权威，认为柏克的政治学“最后诉诸的不是权力而是经验”。沃恩指出，柏克对于“经验”的强调有别于休谟和边沁，因为柏克的“经验”是在“更高的原则”和“一连串的道德和宗教的理想”指导下发挥作用的。但是，同莫利一样，他认为柏克将“经验作为政治的最终原则”①。1913年，另一位研究柏克的著名学者约翰·麦卡恩(John MacCunn)也认为柏克是一位功利主义的自由主义者。1936年，亨利·奥格登(Henry V. S. Ogden)也在他的博士论文中指出，柏克“对自然权利的否定不仅暗示了他作为功利主义者的证据，即政府的最终目的是其统治的人民的幸福和福利；并且，说明了他依赖经验和反对政治理论方面的抽象原则。柏克反对将自然权利作为其政治理论的标准是他整个职业生涯中不可动摇的信念”②。

著名的英国社会主义者、理论家拉斯基(Harold J. Laski, 1893～1950)也把柏克称之为功利主义的自由主义者，尽管他也注意到柏克的思想中具有反民主的倾向。拉斯基在《英国的政治思想——从洛克到边沁》一书中专门有一章论述柏克的政治思想。他认为，在如何看待英帝国与爱尔兰以及北美和印度殖民地的矛盾问题上，柏克对被压迫的一方表现出足够的同情。拉斯基不赞同柏克反对法国革命的政治立场，认为柏克的错误乃是由他所处时代的历史环境和他生活经历的局限所致。总之，拉斯基对柏克抱有一种欣赏、理解和同情。

---

① Peter J. Stanlis. *The Best of Burke Selected Writings and Speeches of Edmund Burke*. Washington: Regnery Publishing, Inc. 2001, p. 29.

② Peter J. Stanlis. *The Best of Burke Selected Writings and Speeches of Edmund Burke*. Washington: Regnery Publishing, Inc. 2001, p. 29.

然而,柏克还有另外的一面:他把社会视为由体现着上帝意志的道德秩序来凝聚的有机体,从而他维护等级制度、世袭的权利以及传统的习俗与规范等等。在 20 世纪中叶,正是柏克的这一个方面或特征为 20 世纪新保守主义者所关注与强调。在这方面的代表人物有柯克(Russell Kirk)、斯坦利斯(Peter Stanlis)和凯诺万(Francis Canavan)等人。柯克著有《保守主义思想家:从柏克到艾略特》(*The Conservative Mind from Burke to Eliot*, 1960)、《柏克:对一位天才的重新思考与评价》(*Edmund Burke, A Genius Reconsidered*, 1997)等。柯克是美国新保守主义的一位代表人物。他认为柏克的"自然法和自然权利的理论使他成为政治哲学上保守主义的创始人"①。

斯坦利斯的主要著作有《柏克:启蒙运动与革命》(*Edmund Burke, the Enlightenment and Revolution*, 1993)、《柏克著作与演讲精选集》(*The Best of Burke Selected Writings and Speeches of Edmund Burke*, 2001)、《柏克与自然法》(*Edmund Burke and the Natural Law*, 1958),等等。斯坦利斯在总结 20 世纪中叶的学者们关于柏克的政治哲学的基本原则的观点时指出,所有研究柏克的杰出学者都一致同意,在对柏克的复杂的思想的最终分析中,人们发现自然法是他的政治哲学中最根本的道德因素。正如柏克自己总结的:"真正的政治的原则是那些可以得到普遍认同并实际践行的道德;我现在不会,永远也不会承认其他东西。"②

凯诺万(Francis Canavan)也是从保守主义角度研究柏克的一位重要的学者。他著有《柏克的政治理性》(*The Political Reason of Edmund Burke*, 1960)、《柏克的政治经济学:财产在他思想中的地位与

---

① Russell Kirk. *Edmund Burke*: *A Genius Reconsidered*. Intercollegiate Studies Institute, 1997, p. 59.

② Peter Stanlis. *Edmund Burke and the Natural Law*. Michigan: University of Michigan Press, 1958, p. 37.

作用》(*The Political Economy of Edmund Burke: the Role of Property in His Thought*, 1994)以及文章《柏克思想中关于理性在政治中的作用》("Edmund Burke's Conception of the Role of Reason in Politics", 1969)。他用政治理性这个概念来描述和分析柏克的思想,将之与启蒙思想家所主张的偏于抽象的理性相区别,指出柏克推重审慎,亦即实践的政治理性,主张原则与权变、策略的结合,认为权变不可被用于邪恶的目的,审慎服务于道德自然法。凯诺万以政治理性为切入点对柏克思想的分析与研究在西方学术界亦产生了较大的影响。

这些把柏克作为保守主义者加以赞扬的学者们认为,柏克无论在理论上还是实践上,都是西方文明中为自然法的道德原则作出最有力和最深刻的辩护的杰出思想家。1948年,罗斯·霍夫曼(Ross Hoffman)教授指出:"柏克的政治是以对将上帝的理性和正义的命令的普遍的自然法作为良好(good)社会基础的认可为根本的。在这样的认可中,政治与道德的分歧是不存在的,在这个方面,柏克远离现代的实证主义者和实用主义者确定无疑,那些宣称他是的人是在贬低他。他的思想,确切地说,主要关于具体的政治问题,他不喜欢谈及公共道德的首要原则;但是肯定自然法是隐含在他的所有作品中,当他彻底地批判——当他在反对爱尔兰天主教法简论和对沃伦·哈斯廷斯(Warren Hastings)的腐败案中抨击令人发指的根基时——它(自然法原则)就变得明确、清楚。"①

对于柏克究竟是自由主义者还是保守主义者的上述争论,西方著名的政治学家麦克弗森(C. B. MacPherson,1911~1987)认为,柏克的思想在他表面上截然相反的两种立场——等级制度的捍卫者和自由市场的倡导者——的背后,思想存在着内在的一致性。他指出,理解柏克的思想,要从他的政治经济学入手。作为一个有产者,一个以资

① Peter Stanlis. *Edmund Burke and the Natural Law*. Michigan: University of Michigan Press, 1958, p. 42.

本主义的生产方式经营农业的农场主，柏克是个“市场自由主义者”，是资本主义生产方式与资产者财产权的捍卫者，他一生的言行都可以在他的这种经济思想的基础上统一起来。麦克弗森认为，以往人们所描绘的柏克的自然法信徒的形象如同他的功利自由主义者的形象一样，都是不能令人满意的，都是有片面性的，两者均未解决保守主义者柏克和资产阶级自由主义者柏克之间那种表面上的矛盾。同一个人怎么能够既捍卫等级制度，又支持自由的市场社会呢？

麦克弗森指出：柏克十分强调对于传统秩序的尊重，然而，他所强调的传统秩序已经是资本主义的秩序。对于渐趋式微的封建秩序，柏克并没有不切实际的怀念，也不看重封建秩序的残余。实际上柏克所主张和要捍卫的是贵族与资产阶级相融合的宪政制度。当然，柏克对英国贵族制度有着一种爱恨交织的矛盾心理。他是热切希望在英国政界崭露头角的爱尔兰冒险家——他出了名，但不如他想象的那样出名。他很可能以为凭自己的才干和精力就会名声大振。他作为罗金厄姆辉格派(Rockingham Whigs)的成员和有力的台柱，曾在政界有过升迁，但从未青云直上。他始终没有进入内阁，尽管人们以为凭他的精力、才干和对辉格党的贡献会为他赢得那种资格。他所得到的一切只是一个位尊而权轻的职务——枢密顾问官。他的不得志很可能是因为他缺少跻身高位通常必备的资格，那就是巨额资产或贵族的身份。麦克弗森认为柏克对贵族产生矛盾心理的原因正在于此。[①] 在这个问题上与麦克弗森持相似观点的还有著名的美国学者、康奈尔大学教授科莱姆尼克(Isaac Kramnick)。他著有《柏克的愤怒：对一位矛盾的保守主义者的解析》(*The Rage of Edmund Burke*: *Portrait of an Ambivalent Conservative*, 1977)一书。在该书中，科莱姆尼克指出，柏克时代的英国正处于由贵族社会向资本主义社会变迁的过程中，而

① C. B. Macpherson. *Burke*. New York: Oxford University Press, 1991, pp. 6-7

柏克思想中的内在矛盾正是由那个变迁的时代所影响和决定的，是贵族阶级与资产阶级既融合又斗争的社会与政治现实的反映。①

此外，美国学者波科克(J. G. A. Pocock)对柏克的研究也引起了西方学术界广泛的关注。波科克被认为是美国最重要的一位从事政治思想史研究的学者。他曾发表过几篇关于柏克有较大影响的文章，其中包括《柏克和古代宪法——思想史中的一个问题》("Burke and the Ancient Constitution: A Problem in the History of Ideas", 1985)，《柏克对于法国大革命的政治经济学解析》("The Political Economy of Burke's Analysis of the French Revolution",1989)，以及他为再版的柏克《法国革命论》所写的一篇长达40多页的导言("Reflections on the Revolution in France", 1987)。

波科克强调联系柏克思想的历史背景和时代氛围来解读柏克思想中对传统与习俗的崇拜。他称，柏克清楚地述及他的传统主义信条，即它是存在于他那时代英国的一种思想方式，这种思想方式存在得太久了，以至其本身也是传统的了。波科克追溯了英国习惯法理论的源流，以及柏克与这一思想传承的关系，认为柏克的传统主义来源于英国古代宪法的理论，即习惯法思想。要理解柏克思想的意义及其实质，还有必要求助于亚里士多德和西塞罗的自然法思想、休谟的哲学、孟德斯鸠的社会学说以及浪漫主义兴起等等因素。

17世纪下半叶到18世纪的欧洲是一个启蒙的时代，它通常也被称为"理性的时代"(the Age of Reason)，是对被称作"信仰的时代"(the Age of Belief)的中世纪的批判和扬弃。启蒙思想家们，从洛克、亚当·斯密到百科全书派，无一不将理性奉为神圣，视其为衡量一切事物的标准，将对理性的尊崇推向了极端。

产生于18世纪下半叶的欧洲浪漫主义思潮，是对启蒙运动的批

① C. B. Macpherson. *Burke*. New York: Oxford University Press, 1991, pp. 192-193

判与超越。以卢梭、雪莱、柯勒律治和歌德等为代表的浪漫主义者们认为,启蒙思想家们无限地夸大了理性的作用,错误地把理性认作人类一切事务中的尺度。在他们看来,在人类生活的很多领域中理性是存在着局限的,比如,道德原则和宗教信仰最主要的不是产生自理性,而是源于情感和良心。他们强调人的个性和多样性,特别是情感、直觉和想象力的重要性。

柏克被称为"保守主义之父",然而,西方的一些著名学者认为柏克同时又是一位浪漫主义者。如沃恩就曾在其《浪漫主义的反叛》(*The Romantic Revolt*, 1907)一书中将柏克归入欧洲近代主要的浪漫主义者之列,并用相当多的篇幅对柏克的有关思想进行了细致深入的分析和阐述。他指出,当启蒙思想家试图用科学理性取代宗教信仰时,柏克敏感地看到宗教所具有的为理性所不能替代的作用。他批判启蒙时代的个人主义错误地将人理解为抽象的个体,指出每一个社会成员的福祉,都必然有赖于个体对于群体的依附和归属。另外,启蒙思想家们往往是极端的反传统主义者,他们把传统等同于落后、腐朽和愚昧,认为社会在政治、文化等诸方面的进步、人类对自由与幸福的追求意味着对于一切传统、习俗的摈弃。而在浪漫主义者看来,这种将传统与现代截然对立的看法是十分荒谬的。柯克指出,在这一点上,柏克也站在了浪漫主义的立场上。柏克认为,正是人们的传统、习俗与行为方式孕育和决定着现代社会的原则和法律。人们的欲望和冲动必须由承载传播着道德规范的传统思想与习俗来制约,而仅靠理性是难以做到这一点的。启蒙思想家们主张彻底抛弃传统思想与习俗,仅仅靠理性指导与维系社会,而这在柏克看来是天真与荒谬的。

(二)国内对柏克政治思想的研究

改革开放以来,我国学术界对于柏克政治思想的研究得到了较大的发展,对柏克著作的翻译及研究日益增多。其中包括:《崇高与美——伯克美学论文选》(李善庆译,1990)、《法国革命论》(何兆武译,

1998)、《自由与传统——柏克政治论文选》(蒋庆等译,2001)、《美洲三书》(缪哲选译,2003)、《埃德蒙·伯克读本》(陈志瑞、石斌主编,2006),等等。此外,江原在1989年翻译了麦克弗森所著的《柏克》。

与国外学术界从自由主义、保守主义及浪漫主义各个侧面对柏克思想进行分析研究的情况不同的是,国内学界一般倾向于把柏克定位于保守主义者。这方面可参见刘军宁《保守主义》(1998)中"柏克:保守主义的先知"一章,陈志瑞的《论伯克的保守主义》[《南京大学学报(哲社版)》1996年第1期]、《保守与自由——埃德蒙·伯克的政治思想》(《世界历史》1997年第5期)以及他的《伯克、卢梭与法国大革命》(《史学月刊》1997年第5期)和蒋庆的文章《柏克是保守主义的柏克而非自由主义的柏克》(《原道》第六辑,2000),等等。

陈志瑞认为,柏克思想的特点是主张改革而反对革命,他的主要政治活动表明他一直是个改革派,为了维护光荣革命传统,他在一系列重大时政问题上都力主改革。法国革命发生后,柏克反对法国革命,既反对革命的秩序,也反对革命的行动,正在于他认为法国的革命是可以通过改革加以避免的。

蒋庆指出,以洛克思想为先驱的自由主义是近代的产物,是从对中世纪的反动中产生的,是对中世纪传统的一种现代批判,其根本特征是现代性。而保守主义则是对自由主义的反动而起,故保守主义的根本特征是传统性,传统性就是"中世纪价值",对"中世纪价值"的向往追求构成了保守主义的本质特征。蒋庆认为柏克思想前期与后期的分水岭是法国大革命。在法国大革命前,柏克的思想倾向于自由主义,如强调国家不能干预经济、主张制约王权、反对对北美殖民地的政治压迫、财产权是自由的基础,等等。但是,法国大革命爆发后,柏克认为这场革命是一场灾难,于是对法国大革命进行反思,转向保守主义。柏克对法国大革命的反思,是站在"中世纪价值"的立场上对自由主义的许多原则进行的猛烈批判,在此基础上形成了自己的保守主义学说。

而刘北成则从另一个视角，指出柏克的保守主义思想与18世纪欧洲其他保守主义者的不同之处。他认为，虽然柏克的保守主义与随后出现的以德·迈斯特尔(1753～1821)和德·博纳尔(1754 ～1840)为代表的法国复辟派保守主义在上述两个价值观念上基本相同，但在一些问题上则存在着重大差异。在传统观念上，柏克维护1688年英国“光荣革命”所确立的“传统的自由权利”；迈斯特尔则是维护中世纪以来的“传统的权威”。在政府观上，柏克主张君主立宪，迈斯特尔则维护君主专制，要求人们必须无条件地服从统治者。在改革问题上，柏克赞成渐进的改良，迈斯特尔等则反对一切变革，甚至要求后退到比法国革命前更早的秩序。①

与上述认为柏克主张改良、反对革命的观点不同，著名学者、翻译家何兆武在《评柏克的〈法国革命论〉》一文中指出，柏克的理论不是从某一种哲学体系的观念出发的，而是从现实生活出发的，柏克并不是反对一切革命，而只是反对法国大革命那样的暴力。柏克拥护英国的1688年“光荣革命”和美国革命，这是因为他认为英、美革命是以维护和发扬传统中的美好价值为目的的，而法国大革命则是以破坏传统为目的的。法国革命派以抽象的人权为行动的出发点，而在柏克看来，具体的传统才应当是行动的出发点和判断的准则。何兆武认为，柏克的问题在于他没有能够充分正视这样一个根本性的问题，即暴力的出现，在表面上看来乃是由人的意志所造成的，但在更深层上看却是种种历史趋势相激荡的结果使然。在何兆武看来，这里表现出柏克缺乏某种必要的历史洞见，因而未能看到历史更深一层的东西，于是就把法国大革命的问题仅仅归因于个人的品质或德行。②

还有些学者持有与何兆武相近的观点。如邱卫东就指出，任何一

① 参见刘北成:《论柏克的保守主义思想》,《北京师范大学学报(社科版)》1993年第3期。

② 参见何兆武:《评柏克的〈法国革命论〉》,《史学理论研究》1994年第2期。

个社会以何种方式革除自己社会中存在的弊端，推动社会的进步，它所取得的结果都应该受到全面的批判。对欧洲的保守派来说，法国大革命虽然颠覆了自基督教产生以来便统治着西方世界的种种价值，包括荣誉、高贵、尊敬、父权、宗教信仰，还导致了革命中种种骇人听闻的过激行为，但不可否认的是，这场革命也“预示着一个法律、权力和正义的新时代的来临，一个立足于公民的自由和平等权利的现代社会的来临”①。邱卫东认为，柏克简单地按照本国的模式或价值标准来评论、抨击发生在另一个国度的革命，突出反映了他对旧制度下大革命发生的原因理解得很不全面。

除了学术刊物所发表的文章外，国内一些有关西方政治思想的学术著作中，也对柏克的政治思想进行了分析与阐述。这方面的著作主要有：刘军宁的《保守主义》(1998)，何兆武、陈启能主编的《西方近代社会思潮史》(2001)，徐大同主编的《西方政治思想史》(2001)，钱乘旦、陈晓律的《在传统与变革之间——英国文化模式溯源》(2003)，黄基泉的《西方宪政史略》(2004)，阎照祥的《英国政治思想史》(2010)，等等。这些著述都对柏克政治思想的研究做出了有益的贡献。

三、主要研究方法与内容

(一)主要研究方法

本研究以马克思主义辩证唯物主义和历史唯物主义为基础，运用科学研究方法以获得正确的结论。主要包括了以下研究方法：

文献研究方法。通过文献研究实现对所研究的对象的整体的、历史的了解。这种了解如同与作者进行面对面的交流，能够使我们更加客观、准确地理解作者的原意。文献研究中的资料既包括第一手资料即作者本人的文稿，又包括第二手和第三手的资料。本研究以第一手

① 参见邱卫东：《消除成见，探求真谛——读埃德蒙·柏克的〈法国革命论〉，《历史教学问题》2005年第1期。

资料为主，主要指柏克本人的英文文稿，以二手资料为辅，三手资料再次之。这些资料主要包括国外对柏克政治思想研究的英文文献资料、国内翻译的柏克的演讲，以及国内学者对柏克政治思想的探讨。

历史分析方法与比较分析方法结合。历史分析方法是考察柏克政治思想产生的历史背景，包括政治、经济、文化等方面；考察柏克政治思想产生的原因，包括主观和客观的方面，以及柏克政治思想产生的历史影响等内容，以期准确把握其政治思想。比较分析法是将柏克政治思想与其他人的政治思想进行比较，包括与卢梭和潘恩等人的政治思想进行比较，以深化对柏克政治思想的认识。

阶级分析的方法。运用马克思主义阶级分析的方法，从当时社会的经济关系入手，揭露柏克政治思想背后起决定作用的物质利益，考察柏克政治思想产生的社会经济条件，研究柏克的经济状况和阶级背景，分析其政治思想同社会中各个阶级利益之间的关系。阶级分析方法的运用有助于抓住柏克政治思想的实质，进而辩证地对其政治思想进行评析，并客观地得出其对我国政治文化建设的现实启示。

（二）主要内容

绪论部分介绍了本选题的研究背景与意义、国内外研究现状以及主要研究方法和分析框架。

第一章介绍了柏克政治思想形成的时代背景与理论渊源。柏克的政治思想是在其生活时代的特殊历史背景下形成的。在贵族大地产制已经形成的 18 世纪的英国，面对王权扩张的趋势和在法国大革命影响下英国激进主义思潮涌动的政治形势，柏克一直维护英国“光荣革命”以来的政治传统。在柏克的书信、演讲和小册子中，亚里士多德和西塞罗的古典自然法思想被引用的是最多的；他特别表达了对以柯克和哈林顿为代表的英国宪政思想的崇敬之情；他深受洛克和休谟的经验主义哲学思想影响的痕迹更是清晰可见。

第二章主要探讨了柏克对启蒙思想的反思和批判。柏克对其生活的那个一切都要接受理性的检验，将理性作为衡量所有事物标准的"理性的时代"进行了深刻的反思和批判。他认为，仅靠理性不足以规范人们的行为和维护社会的秩序与和谐，必须由承载着道德规范的传统思想与习俗来制约人们的欲望和冲动。他推重审慎，亦即实践的政治理性，主张原则与权变、策略的结合。权变不可被用于邪恶的目的，审慎服务于道德自然法。柏克还反对将个人与社会割裂的个人主义，认为社会的生存和发展及每一个社会成员的福祉，都有赖于个体对于群体的依附和归属。这些方面体现了柏克政治思想中的浪漫主义特质。

第三章系统地阐释了柏克的宪政思想。柏克指出，英国的宪政制度不是像启蒙思想家所说的来源于天赋人权和抽象的理性设计，而是形成于英国悠久的历史和习俗。他认为，英国的政体是约定俗成的体制；这种体制的合法性与权威性就来自它的存在源远流长，来自"约定俗成"或"相沿成习"，是由特定的环境、条件以及人民的道德、民俗和社会习惯所决定，是经过若干世纪和若干代人的审慎选择而成的。而任何一种政治原则付诸实践都必须有政党的存在，贵族更是英国宪政形成过程中不可或缺和不可替代的决定性角色，是英国宪政框架的支柱。

第四章集中分析了柏克对待英国革命、美国革命和法国大革命的不同观点与立场。柏克对三次革命的不同态度一直是学界讨论的重点。资产阶级财产权神圣不可侵犯是柏克对待三次革命不同态度的根本原因，而贵族和宗教则是他一生努力维护的英国既存的资本主义社会秩序（他称其为"传统秩序"）的两大支柱。柏克对待三次革命的不同态度恰恰表明了其政治思想的前后一致性及其作为资产阶级政治思想家的一贯立场。

第五章是对柏克政治思想的辩证评析及其现实启示。柏克是一位保守主义者，又是一位浪漫主义者。他的思想中可以说是偏见与洞见并存。他的偏见在于他对贵族制度的维护和对民主制度的反对。而他的洞见,往往是产生自他站在浪漫主义立场上对启蒙思想之缺陷的批判。柏克开创的政治哲学的理论和原则对西方保守主义政治思潮和英、美的政治实践都产生了深远影响,而其一生对传统的珍视及他秉持的审慎的政治道德原则对我国的政治文化建设亦有深刻启示。

第六章是结论与展望。

第一章　柏克政治思想形成的历史背景与理论渊源

柏克生活在18世纪的英国，其所思所想、所作所为同其生活的时代背景息息相关。他的政治思想是对其生活时代的现实问题的反思，是在总结、吸收和借鉴前人政治思想和理论的基础上形成的。

一、柏克政治思想形成的历史背景

18世纪的英国，经济上是由封建领主制逐渐发展形成的贵族大地产制；相应地，政治上体现为代表贵族大地主阶级的议会握有国家大部分权力的君主立宪政体，此时的王权正在不断地谋求扩张；思想上受到启蒙运动和法国大革命的影响，英国国内形成了两派阵营：一派推崇英国古老的传统，主张维护英国既成的政治秩序和社会风俗，另一派则思想激进，试图重新阐释英国宪法的原则，进而使英国更多的小资产阶级和下层民众拥有更多的权利。柏克的政治思想就是在这样的时代背景中形成的。

（一）城镇的兴起与资本主义的发展

英国1688年“光荣革命”后，贵族大地主长期占有该国大量土地。

带有封建主义残余的资本主义大地产制是英国贵族体制长期存在的经济基础。由贵族领导的、为满足有产阶级利益需要的、最终以议会获得国家主权的“光荣革命”只是部分地打破了旧的土地关系，广大农民并没有成为独立的土地所有者，反而失去了原有的土地，继续遭受剥削。而原来旧有的闭关自守的封建地主也成长为同市场紧密相连的新贵族大地主，资产阶级亦将财富投入到土地买卖中，同新贵族联合共同掌握国家政权。依靠这种半封建式的生产关系，贵族大地产制被长期保留下来并有所发展。资产阶级革命前，尚有一些大贵族家道中落，难以维持与爵号相称的经济地位，可在革命后，英国几乎无贵族不富，无贵族不是大地主。他们的地产占有量同旧贵族相比有过之而无不及。

英国的贵族大地产制可以追溯到中世纪。中世纪英国的社会结构是静态的：一端是土地贵族（封建领主），另一端是有人身依附关系的农奴。贵族的身份和特权，农奴的依附关系和义务，都有法律的规定。然而，随着中世纪城市的兴起，农村人口开始流向城镇。土地贵族为了防止土地上的人口进一步缩减，开始解放农奴。随着经济的进一步发展，到了14世纪，农奴成为自由人，并分化为自由工资劳动者和中产阶级（包括城市商人和农村富裕的土地承租者）。如此，原来两层的社会结构就演变为由土地贵族—中产阶级—工资劳动者组成的三层结构。层与层之间的界限并不明显，且具有相当程度的开放性和灵活性。玫瑰战争（1455～1487年，两个皇族关于英格兰王位的战争）之后，老的贵族世家或被消灭，或被削弱。1536～1539年，亨利八世实行宗教改革，没收修道院的土地，又进一步打击了旧贵族的势力。这两种因素结合在一起的结果，是促进了具有商业精神的新的土地所有者的产生。至15世纪末、16世纪初，由于羊毛贸易的刺激，英国又发生了“圈地运动”。拥有财产的贵族和中等阶级大规模圈占农民的土地，将之变为牧场。至此，英国社会的农业结构发生了巨大变化，大规模土地租赁已比高额的土地收入更为重要。土地经营开始商品化,完成了原有的领主式贵族向土地贵族的转变。而不享有经济特权的贵族,往往用一切办法改良农业生产,经营工、矿、商业,以避免经济实力日益增强的中产阶级对自身的威胁。

18 世纪,英国除了农业发生重大转型之外,畜牧业和工业也蓬勃发展。由于小地主所拥有的土地面积不足以改做牧场,他们纷纷被迫将土地贱价卖给邻近的大地主,形成兼并风潮。同时,英国海上贸易继续蓬勃发展,商业往来频繁,生产技术的进步使英国工商业得以快速发展。因之出现了许多工商业和银行巨子,他们在致富之后往往投资土地买卖,甚至因而当选平民院议员。相对于这些工商业巨子,一般工人的处境大多非常悲惨。尽管有许多工人继续在作坊里从事生产,不过这些作坊逐渐被大工厂所取代。① 在 18 世纪的最后 25 年中,新兴的工商业资产阶级在一些较大的城市里掀起了一场建立商会的运动。这也是现代商会的萌芽时期。1785 年,英国一度出现了代表制铁业、陶瓷业和棉花业的制造商总会。这些商会作为商界和工业界的代表,对工商业有关的法令和其他事件都产生了极大的兴趣。事实上,在混乱的市场上建立有秩序的社会,正是由他们最早提出的。他们在早期的商业革命浪潮中得到了“第一桶金”,并在日后的发展中逐渐积累起经济实力。他们担心已得到的利益在以后的混乱中丧失,而他们积累起来的商业能力,也使他们足以通过“正常”的商业活动获利,因此,他们成为英国资本主义市场制度建设中的主要力量。②

经过 300 多年的发展,到 18 世纪末,英国的市场经济体制逐步形成:经过政府控制下的一系列制度创新,已逐渐形成有效的市场规则

① 参见高德步:《英国的工业革命与工业化——制度的变迁与劳动力的转移》,中国人民大学出版社 2006 年版,第 5~6 页。

② 参见[法]马雷(Malet):《西方大历史》,胡祖庆译,海南出版社 2008 年版,第 284 页。

以及相应的商业道德规范。在这种情况下，资产阶级进一步要求开放市场，实行自由放任政策。工业资产阶级组成自由贸易联盟，与土地贵族、金融贵族和大垄断商人展开斗争，并不断取得胜利。由此，英国社会形成了不同的利益集团，彼此因经济利益时而结合，时而斗争。这些拥有大量财产的不同的利益集团通过议会共享着国家的权力，左右着国家的发展。

（二）君主立宪政体的确立与王权扩张的趋势

在柏克生活的时代，资产阶级化了的贵族大地主阶级是英国最富有的利益群体，是社会政治地位最高的阶级，掌握了最多的国家权力。他们将财产、地位（尤其是爵位）和权力密切地结合在一起，形成了颇具特色的“贵族时代”。这个时代在政治上表现为：议会与王权斗争胜利后形成了君主立宪政体，其根本特征是通过法律明确了议会主权，限制了封建王权。

君主立宪政体的确立一直被英国人说成是维护和恢复某种更古老的和更纯粹的传统的过程，这一过程始自1215年《大宪章》（*Magna Carta*）。1215年6月15日，英国约翰王（1199～1216）签署了历史上第一个限制封建君主权力的成文法律《大宪章》。《大宪章》的签订源于英国封建贵族希望通过法律对国王的权力进行限制，宪章中大部分内容是从亨利一世（1068～1135）时所颁布的《自由宪章》（*Charter of Liberties*）抄写过来的。其中最重要的一条是：如果国王违反了大宪章的规定，由25名贵族组成的委员会可以随时召开，并有权力以武力强迫他遵守其规定。[①]《大宪章》的签订是英国贵族在同国王斗争中的一次重大胜利，确立了英国贵族和大城市中产阶级的政治权利和自由，并且保证了教会不受国王的控制。尽管当时英国大多数人都是封建领主的农奴，社会中的一般民众从《大宪章》受益很少，但是，《大宪章》

① 参见［法］马雷（Malet）：《西方大历史》，胡祖庆译，海南出版社2008年版，第131页。

的签署，表明英国的一项革命性原则，即君主也不能凌驾于法律之上，也要受到法律的限制。① 1215 年之后的数个世纪中，国王同贵族的权力争夺从未停止过。中世纪的英国曾 30 次重申大宪章。在当时贵族的观念中，维护家族或个人利益和荣誉比服从王权更重要。这种观念在《大宪章》签订之后被进一步强化，贵族在与国王的冲突中屡次占据上风的经验又不断强化了这一传统。在中世纪晚期和近代早期，西欧大陆和英国的政治面临着不同程度的专制主义的威胁，这时，理论家们对古代"王权有限"思想的强调是其政治思想的重要内容，他们对英格兰宪政思想几乎是怀着崇敬的心情，将其视为美好的"神话"。②

16 世纪，英国同其他欧洲国家一道开始了宗教改革。在伊丽莎白女王(1558～1603)统治时期，宗教改革最终完成。改革后，英国形成了占统治地位的国教会(Church of England)。宗教改革实现了王权对教权的控制，削弱了罗马教廷对英国内政的干涉，加强了王权、巩固了封建统治。新教(宗教改革中脱离罗马天主教会的一切基督教会的统称)中那些要求清除英国国家中天主教残余的改革派被称作"清教"。清教徒反对奢侈浪费、主张勤俭，反对盲信服从、主张个人判断，反对国教中的等级制、主张一般信徒与教牧人员之间的平等，基本上反映了资产阶级和新贵族的利益，成为动摇英国封建统治的精神武器。

在经历了 1629～1640 年的无议会统治时期后(詹姆士一世的专制统治)，1640 年开始的英国资产阶级革命推翻了查理一世的专制统治。查理一世是詹姆士一世的儿子。他在统治期间不断加强对反对人士的迫害和对大贵族和中小地主征收重税或罚款。因为宗教迫害(强行在信奉新教的苏格兰推行天主教)，苏格兰在 1639 年攻入英国。

---

① 参见胡康大:《英国的政治制度》，社会科学文献出版社 1993 年版，第 37 页。

② 参见徐大同主编:《西方政治思想史(16～18 世纪)》第 3 卷，天津人民出版社 2005 年版，第 271 页。

查理一世不得不重新召开议会以筹措军费。议会围绕着王权和教权的问题展开了争论，结果是支持查理一世的王党与代表资产阶级和新贵族的议会之间展开了英国历史上的第一次内战(1642～1646)。内战最终以议会的胜利告终。但是，内战结束后，反封建阵营内部根据不同阶级和阶层利益分化为不同的派别，彼此存在着尖锐的矛盾。在此种混乱的状况下，1648年，王党分子发动了暴动，开始了英国第二次内战，最终查理一世被送上了断头台。此次内战后，克伦威尔建立起军事专政。在其死后，大资产阶级和新贵族为了防止人民的反抗运动重新兴起，迎回了查理二世(查理一世之子)，恢复了君主制(1660)。查理二世重登王位后，企图恢复天主教会在英国的统治，而这危及到了工商业资产阶级、新贵族和在革命中取得了天主教教产的土地贵族的利益。在关于查理一世信奉天主教的弟弟詹姆士二世是否有权继承王位的问题上，议会内部分裂为两派，其中同意之人被对方讥讽为"托利派"，而反对之人则被对方起了"辉格派"的绰号。这成为英国两党制的发端，是英国历史上的重大事件。[①] 辉格党作为政府反对派的出现，标志着英国议会进入了一个新的水平。

1688年"光荣革命"是英国历史的一个重要转折点，通过"光荣革命"，英国真正确立了君主立宪制。"光荣革命"的爆发源于詹姆士二世对国家权力的独断专行和试图恢复天主教的统治。1688年，在关于王位继承的问题上，议会通过了《权利宣言》。詹姆士二世被剥夺了王位。宣言指出：以后国王未经议会同意不能决定任何法律的立废；不经议会同意不能征收赋税；天主教徒不能担任国王等。《权利宣言》于当年10月经议会正式批准定为法律，即《权利法案》。《权利法案》保证了议会的立法权，强调了"议会至上"的宪法原则，包括对财力的控制和对王室豁免权的禁止。自此，英国议会在同国王的权力斗争中获

---

① 参见[法] F.基佐：《1640年英国革命史》，伍光建译，商务印书馆1986年版，第43页。

得了实质性的胜利。之后,议会通过了一系列的法案,明确规定:安妮女王之后国王必须是国教徒;非经议会两院的奏请,国王不得免除终身任职的法官的职务;国家的一切法律与条例非经议会通过,均属无效;等等。这些规定不仅使下院掌握了监督国王行政活动的权利,还使以后的汉诺威王室要接受议会更多的限制。[①] 上述法案的通过和实施,极大地限制了国王的权力,扩大了议会的作用,标志着君主立宪制在英国的最终确立。在思想理论方面,"君权神授说"也已经完全被"天赋人权论"取代了。

从《大宪章》到"光荣革命",是王权与议会权力斗争的过程,同时也是以国会为代表的英国国教同以国王为代表的天主教斗争的过程,最终英国国教取得胜利,明确了议会主权。宪政思想历经几个世纪已经深入英国民众的心中。然而,这个时候的制度离民主相去甚远,少数人通过家族纽带及腐败收买等手段操纵议会,再通过议会控制政权,多数人仍被排除在政治权利之外,一小批贵族牢牢地把持着国家权力。"光荣革命"是一场政治革命,而不是社会革命。社会结构几乎完好无损,有产阶级维护着一个按出身和财产来排定的等级社会,保有广泛的特权,私有财产不可侵犯。政治重心不过是从专制君主转移到贵族精英手里。革命表明了有产阶级地位的最后稳固。"光荣革命"是英国社会长期演进的结果。它既革命,又保守;既反对专制、伸张自由,又维护传统秩序和权威。它的两重性对此后英国的历史发展产生了很大的影响,也是英国后来各种思想潮流的一个源泉。柏克在磨砺、提炼他的政治思想时,总是从中"淘金",其两重性亦被柏克带进自己的政治思想之中。

"光荣革命"以议会的胜利而告终,但是,王权和议会权力的斗争却并没有因此而停止。1760 年乔治三世(1760～1820)的继位,使掌权

① 参见姚介后、李鹏程、杨深:《西欧文明》(下),中国社会科学出版社 2002 年版,第 455 页。

近半个世纪的辉格党开始逐渐失势。

乔治三世受到托利派传统的影响，坚持“国王存在一些特权，而且是很重要的特权，甚至议会也不能从他那里拿走；存在一种平衡，为保全这种平衡，反对议会甚至是他的义务；还有一些限制，既在法律上也在道德上，对议会实施策略有效的限制”①。虽然“光荣革命”确立了国王与议会之间的权力平衡，但“这些全是消极的，国王不能做什么是相当清楚的，国王能做什么就相当不清楚了”②。因此，乔治三世企图重新扩大王权，影响和控制议会在法律上是完全可行的。同时通过任免官职和给予恩惠（年金、政府合同）来影响和控制议会是当时的政治传统，王权的扩张在实际的政治运作中也是可能的。事实上，乔治三世在继位不久即达到了自己的目的。他利用辉格派内部的不和，起用托利派，运用各种政治影响，在自己周围形成了一个“国王之友”集团，以便推行自己的政治旨意，树立个人权威。当时“国王几乎要天天审阅议会投票的报告，对依照他的意志投票的人发给奖励。一切比较重要的国家职务，重要的教会职务以及军事职务的任命，这时全集中在国王以及他的一小撮拥护者，所谓‘国王之友’手中”③。

作为一名辉格党人，柏克一生都在为限制王权而努力。针对乔治三世企图恢复王权的种种做法，柏克发表了《论当前不满情绪的根源》（“Thoughts on the Cause of the Present Discontents”，1770）以及后来的《关于经济改革的演说》（“Speech on the Plan for Economical Reform”，1780），前者是对国王通过特权、恩惠和贿赂等方式影响议会下院的独立性方面作出的回应，特别阐明了政党在政府统治中的重要

---

① Richard Pares, *King George* Ⅲ *and the Politicians*. Oxford: Oxford University Press, 1988, p. 35.

② Richard Pares, *King George* Ⅲ *and the Politicians*. Oxford: Oxford University Press, 1988, p. 33.

③ 参见［苏］塔塔里诺娃：《英国史纲（1640～1815）》，何清新译，三联书店 1962 年版，第 308 页。

性，其作为党派檄文成为了辉格党的政治纲领。后者则希望通过改革王室的支出以及裁汰冗员来削弱国王的政治影响。虽然在柏克看来，国王是英国宪政体制必不可少的一部分，但是，任由王权的扩张无异于是对"光荣革命"形成的宪政制度的破坏，这是柏克所不能容忍的。面对当时王权的扩张趋势，柏克提出了相对温和的、渐进的、有所保留的改革观点，以维护宪政的传统，维护代表贵族阶级利益的议会的主权。

二、法国大革命的爆发与激进主义思潮涌现

欧洲近代最有影响的思想文化运动是始于 17 世纪末的启蒙运动。它的主要目标是通过批判地反省人类的全部知识将人类从谬误和迷信中解放出来，并通过社会和政治改革解除对人们自由不必要的限制。①

启蒙运动从未产生一种为其所有成员都接受的前后连贯的哲学，但几个共同的主题反复出现在他们的著作中。第一个是"理性"。启蒙主义者所倡导的理性，是人与宗教信仰完全对立的理智能力。狄德罗在《百科全书》中将这种"理智能力"概括为"人类认识真理的能力"和"人类不靠信仰的光亮的帮助而能够自然达到的一系列真理"。由于拒绝了许多关于上帝、自然和社会的普遍见解，启蒙思想家没有寻求建立高度抽象的哲学体系，而是利用"理性"来说明政治与思想的专制与偏执。启蒙学者相信，理性和科学的方法是人们唯一正确的求知方法。启蒙思想的第二个主题是"进步"。在 18 世纪之初，一次重要的知识论辩爆发了，辩论的主题是那个时代的文化与传统的古代文化相比孰优孰劣，这场辩论有时被称为"书战"(battle of the books)或

---

① 参见[美]罗宾·W.温克、托马斯·E.凯泽:《牛津欧洲史》第 2 卷，赵闯译，吉林出版集团有限责任公司 2009 年版，第 147 页。

“古今之争”(quarrel of the ancients and moderns)。[①] 许多启蒙思想家根据“文明”的阶段性前进确立了人类历史的概念。他们认为,文明进步是一种不可逆转的、上升的社会历史潮流,而推动文明进步的唯一的加速器即理性和科学的发展。另外一个启蒙思想的主题是“自由”。启蒙学者认为,自由不是某些国家的主权统治者给予一些有特权的人们的权利,它是所有成年人的自然状态,与他们的国籍或者社会地位无关;没有人生来就有统治他人的权利,政治权威最终来源于被统治者的同意;而行使自由权的基本条件与素质就是理性。可见,“进步”和“自由”都以理性为必需的前提。启蒙思想家们竖起了理性的旗帜,用之作为衡量一切事物的唯一标准。

正是在启蒙思想的影响下,法国爆发了对世界历史产生了前所未有的深远影响的大革命。18 世纪,资本主义生产方式在法国部分地区已相当发达,资产阶级已成为经济上最富有的阶级,但在政治上仍处于无权地位。农村绝大部分地区保留着封建土地所有制,并实行严格的封建等级制度,这极大地限制了资本主义生产方式的发展。加之由国王、天主教教士和贵族组成的第一、二等级作为特权阶级,不断加重对以资产阶级、农民和城市平民组成的第三等级的剥削和压迫。至 18 世纪末,特权阶级与第三等级的阶级矛盾变得不可调和。最终导致了由资产阶级领导的、以农民和城市平民作为革命主力的、以推翻封建君主专制为目的的大革命的爆发。

法国大革命始于 1789 年 7 月 14 日巴黎人民攻占巴士底狱。8 月 26 日制宪议会(原三级会议)通过《人权与公民权宣言》,确立了人权、法制、公民自由和私有财产权等资本主义的基本原则。议会还颁布法令废除贵族制度,取消行会制度,没收并拍卖教会财产。革命初期,代表大资产阶级和自由派贵族利益的君主立宪派(斐扬派)取得了政权。

① 参见[美]罗宾・W. 温克、托马斯・E. 凯泽:《牛津欧洲史》第 2 卷,赵闯译,吉林出版集团有限责任公司 2009 年版,第 154~157 页。

他们制定了1791年《宪法》，召开立法会议，维护君主立宪制，保留王政，反对革命继续发展。而广大群众则要求废除王政，实行共和。此时，第一、二等级和大资产阶级取得了妥协，但同占法国人口大多数的农民和城市平民的矛盾依然没有缓和。相反，人民在斗争中看到了自己的力量。1792年8月10日，巴黎人民再次起义，推翻了君主立宪派统治，逮捕了路易十六国王。之后，由主要信奉自由主义，代表工商业资产阶级的吉伦特派掌权，并在1793年1月处死了路易十六。然而，由于内忧外患，面对国外的反法联盟以及国内的保王势力，吉伦特派将领投敌，巴黎人民于5月31日至6月2日发动了第三次起义，推翻了吉伦特派的统治，建立起雅各宾派专政。雅各宾派是法国资产阶级激进派的代表，他们颁布《雅各宾宪法》，废除了封建所有制，平定了吉伦特派的叛乱，粉碎了欧洲君主国家的武装干涉。雅各宾派内部后来发生了分裂，1794年7月27日，雅各宾派中被罗伯斯庇尔镇压的右派势力发动热月政变，逮捕了罗伯斯庇尔等人，建立了热月党人统治。这时革命最危急的关头已过去，热月党人成立了新的革命政府——督政府，他们清除了罗伯斯比尔时期的革命恐怖政策和激进措施，建立了资产阶级的正常统治，维护了共和政体，在法国国内维护了资产阶级革命的成果。

历经5年之久的法国大革命是一次广泛而深刻的政治革命和社会革命，从巴黎人民攻占巴士底狱到热月政变，人民群众显示出伟大的力量，一再把革命从危机中挽救过来，并推动它进一步向前发展。大革命结束了法国1000多年的封建专制制度，将自由、平等和人权的思想传播到整个欧洲。人们对大革命的思考从未有一天停止过，大革命产生的影响更是深远和持久。法国历史学家托克维尔在《旧制度与法国大革命》中说，法国大革命绝不是一次偶然事件。的确，它使世界措手不及，然而它仅仅是一件长期工作的完成，是几代人劳作的突然和猛烈的终结。即使它没有发生，古老的社会建筑也同样会坍塌，只是它将一块一块地塌落，不会在一瞬间崩溃。[①] 法国大革命是柏克保守主义思想形成的决定性事件。他的《法国革命论》是其保守主义政治思想的代表著作，更是掀起了他和潘恩关于大革命的论战。

启蒙运动和法国大革命促使英国的激进主义思潮得到发展，潘恩的《人权论》的传播更是进一步推动了这一思潮。而资本主义生产方式下的英国，小地主纷纷破产，一般工人的境遇也十分悲惨，这亦为英国的激进运动提供了很好的土壤。英国的激进主义思潮吸收了来自社会不同派别的人，包括辉格党的自由派、新兴的工业资产阶级、小资产阶级，工人阶级更是首次登上了英国的政治舞台，成为了激进运动的中坚力量。在法国大革命前后，英国有影响的激进协会的代表是"人民之友"协会，它甚至包括了 20 名下院议员，可见当时激进主义思潮在英国产生的广泛影响。但是，"人民之友"协会也因其成员的特征，决定了它不可能真正地成为人民之友，而是代表了英国资产阶级自由派贵族的利益。他们一方面反对柏克的保守主义，另一方面又不希望彻底实现潘恩的共和主义思想。这种态度使它既不受皮特政府和保守派的信任，也不受中小资产阶级和工人激进派的信任。1794 年 10 月，"人民之友"协会成员受到国家审判，这成为英国激进运动史上一个重要的转折点。审判虽然以政府的失败而告终，但激进运动仍受到严重的打击。英国激进运动史上暴风骤雨的一页过去了。[②]

英国的激进主义思潮始终是处在一种可控制的状态中，英国的政府也并没有对激进主义者采取非法的手段，大多数仍是在法律界限内的行动，而普通的中下层老百姓在法国大革命后期更是偏向了政府一

① 参见[法]亚历克西·托克维尔：《旧制度与大革命》，高龙川译，京华出版社 2000 年版，第 136 页。

② 参见董煊：《法国大革命与英国的激进运动》，《华中师范大学学报(哲社版)》1989 年第 4 期；何元国：《论法国大革命时期英国的保守主义》，《湖北大学学报(社会科学版)》1999 年第 5 期。

方，他们更担心英国走上法国的道路。启蒙运动和法国大革命对传统的否定与英国以往一贯的天生的守旧思想相冲突。英国社会虽然存在着极端的革命派，但是追随者是很少的。法国大革命及其在英国产生的影响促使柏克深入地思考人性、传统以及社会的发展变化，并使他更加坚定地主张维护传统秩序和渐进式改革的政治思想。

三、柏克政治思想的理论渊源

从柏克生活的时代背景，他的学习经历、演讲、通信以及小册子中，可以清晰地看到其政治思想主要受到以下三个方面的思想的影响：以亚里士多德和西塞罗为代表的古代自然法思想；以柯克和哈林顿为代表的英国宪政思想；以洛克和休谟为代表的经验主义哲学思想。

（一）以亚里士多德和西塞罗为代表的古代自然法思想

产生自古希腊的自然法思想是影响近代西方政治思想的一个重要思想源流。英国学者梅因曾说，如果自然法没有成为古代世界中一种普遍的信念，就很难说思想的历史，也可以说人类的历史，究竟会朝哪个方向发展了。

自然法发展史上的一个里程碑，是亚里士多德提出了自然正义（善）的概念。亚里士多德（Aristotle，前384～前322）被誉为西方"古代最伟大的思想家"和古希腊哲学家中"最博学的人物"。他指出，自然的就是合乎道德的，就是正义的，这是不变的"本质"。"自然对每一事物各赋予一个目的"，这种目的决定了事物"最精当的形性"。[①] 一切事物的自然本质是"至善"，最大的目的就是实现"善"，"善"是一切事物的目的之所在。[②] 于是，求善的行为贯穿于事物向前运动的始终，善

① ［古希腊］亚里士多德：《政治学》，吴寿彭译，商务印书馆1965年版，第5页。

② 参见［古希腊］亚里士多德：《尼各马可伦理学》，苗力田译，中国社会科学出版社1999年版，第3～4页。

也因此获得了与“自然”(本质)同等的意义。[1] 亚里士多德赋予了自然法以道德的内涵。

人类实践活动的目的是实现德性。亚里士多德认为,人天生是政治动物,实践活动是其存在的根本方式,成为善良的人是一个人一生的追求。他是从生活在社会中的人出发理解人的本质的。他宣称,人是政治动物,天生要过共同的生活。共同的生活使人理解善恶、公正的涵义。亚里士多德生活在古希腊城邦时代,因此,他说:“在本性上而非偶然地脱离城邦的人,他要么是一位超人,要么是一个鄙夫。”[2]人实践的生命活动不仅仅是人的生活方式和生存方式,而且从根本上构成了人存在的基本内容。亚里士多德将人的灵魂区分为两个部分,一部分是有逻各斯,即理性的部分,一部分是无逻各斯,即非理性的部分。理性的部分包含了两个方面,一方面是经由沉思和实践产生的实践理性,另一方面是由习惯养成的道德理性,道德理性是对人的生理上的需要和人的欲望等内容的约束。而人的活动最终是要通过理性获得德性,以过上最美好的生活。只有实践活动,才能使人通过经验的积累、通过知识的获得、通过沉思最终实现自己的德性,获得幸福。

城邦的本质是实现“至高的善”,即大多数人过美好生活的愿望。[3]在亚里士多德看来,城邦的形成是一个自然的过程,是人追求更美好的生活的本能使然。“政治上的善即是公正,也就是全体公民的共同利益”,所以,“政治共同体的确立应以高尚的行为为目标,而不是单单为了共同的生活”。[4] 城邦是为了达到人类道德和理智生活最高目的

---

① 参见占茂华:《自然法观念的变迁》,法律出版社 2010 年版,第 42 页。

② 苗力田主编:《亚里士多德全集》第 9 卷,中国人民大学出版社 1994 年版,第 6 页。

③ 参见徐大同主编:《西方政治思想史(16～18 世纪)》第 3 卷,天津人民出版社 2005 年版,第 263 页。

④ [古希腊]亚里士多德:《政治学》,吴寿彭译,商务印书馆 1965 年版,第 90～91 页。

的政治共同体,个人只有在公共的政治生活中,才能最大限度地实现自己的德性,达到最高的幸福。亚里士多德认为没有共同利益,共同体的公共生活就失去了意义。因此,在处理国家的问题时,要依靠全体群众的智慧和社会习惯。他认为,习惯所固有的智慧必然是一种指导原则,它"利用现实事物所含有的可塑性改造现实事物,使之逐步提高到较完善的形态"①。

亚里士多德视道德性为自然法的本质属性,"善"是自然法的本质,人的实践活动和政治生活的最终目的都是"善"。"善"的具体内容是多数人的美好生活,实现的手段是人的理性,包括经验和习惯。柏克深受这一思想的影响,提出了人性的本质是经传统浸润的德性,而政治的最终目的是实现社会整体的利益(the good of commonwealth),即政治的善(political good)。道德成为柏克政治思想中十分重要的组成部分。

另一位对柏克政治思想产生深远影响的是马尔库斯·图利乌斯·西塞罗(Aarcus Tullius Cicero,前106～前43)。他是罗马共和国末期的一位伟大的政治哲学家,是古代自然法思想的集大成者。西塞罗第一个清楚地表述了自然法的定义:自然法是自在自为和永恒不变的,不受时空的限制;自然起源于神,是至高无上和普遍适用的,任何人都不得对它作出修改或废止;自然法具有止恶扬善的功能,人们可凭借其自身的理性去认识它,凡违背自然法者,必将遭到严厉的惩罚。② 与亚里士多德的自然法思想相比较,西塞罗的思想更强调自然法的"自然"性和神性,重视社会历史和传统,更突出政治的实践意义。

---

① 徐大同主编:《西方政治思想史(16～18世纪)》第3卷,天津人民出版社2005年版,第131页。

② Lloyd L. Weinreb. *Natural Law and Justice*. Harvard University Press. 1987, pp. 15-16.

自然法是宇宙的内在规律。西塞罗发展了斯多葛学派(形成于公元前300年左右)的自然法思想,是自然法思想的集大成者。斯多葛学派认为,宇宙是一个绝对的统一整体,任何事物都是这个绝对统一整体中不可分离的组成部分,宇宙的内在规律(自然界的法则)有着多个称呼——“逻各斯”“命运”“神”“理性”,人也必然受到宇宙之中的普遍法则的支配,构成自然秩序和谐的一部分。这个支配宇宙和人的“神”或“理性”就是自然法。西塞罗发展了这一思想,认为自然法贯穿于一切事物之中,是人的行为的最高准则。“有一种普遍的自然法,它是同等地出自两个来源:一是上帝(并非基督教中的上帝,而是自然力量的代名词)的神旨统治着世界这一事实,一是出自人类合理的社会本性,这种本性使得他们跟上帝相近似。”[①]在西塞罗看来,宇宙中只有一位全能的上帝,那就是自然赋予人类的理性;服从上帝,也就是在服从人的自然理性,理性是上帝与人类的共同财产,是人与上帝沟通的桥梁。西塞罗开掘了理性主义自然法思想的源流。

法律是自然理性的体现。西塞罗认为,国家本身和它的法律永远要服从上帝的法律——道德律或自然法,它是超越人的选择和人的制度的更高一级的统治法则。这种自然法具有高于一切人类社会立法的权威,是衡量人定法的唯一标准。“真正的法律乃是正确的理性,与自然相吻合,适用于所有的人,稳定,恒常,……对于所有的民族,所有的时代,它是惟一的法律,永恒的,不变的法律。而且也只有一个,对所有的人是共同的。如同教师和统帅的神,它是这一种法律的创造者、裁断者、立法者。”[②]自然法是正义的同义语,任何国家的法律如果

① [美]乔治·霍兰·萨拜因:《政治学说史》(上),盛葵阳、崔妙音译,商务印书馆1986年版,第204页。

② [古罗马]西塞罗:《论共和国》,王焕生译,上海人民出版社2006年版,第251页。

违背了自然法，则不能算作“真正的法律”。[①] 自然法是法律体现的正义的唯一来源，而符合法律的正义才可以称得上是符合道德原则的。

社会习惯和历史传统是国家和社会存在的基础。西塞罗提出，人们在实践中形成了风俗习惯，这些社会固有的风俗习惯就是行事的规则。国家和社会的“建立不是一时，也不是由一人一下子完成的，因为我们清楚地看到，每个国王分别相继做了不少好的、有益的事情。在我看来，继他们之后掌权的则是一位对国家事务比所有其他人更富远见的人”[②]。他进一步指出：“在我们的时代之前，我们的祖先的风习本身培养出了许多卓越的人物，而杰出人士本身则又维护了古代风习和祖辈们的遗训。”[③]习惯法亦是在人们的日常实践中逐渐形成，并取得了人们的一致同意的。因此，西塞罗认为，在处理社会问题时应注重谨慎原则。他反对用科学的深思代替社会习惯和历史传统，反对把一切有助于维护人类社会的责任置于那种只靠沉思和科学所产生的责任之上的观点。

柏克对自然法先验性的强调，对传统习惯的推崇，对法律体现的正义的维护，无疑打着西塞罗自然法思想的印记。

古代自然法思想的特征是既强调自然的人性，即人的理性的一面，又因社会发展等种种限制而强调神性的一面。因此，古代自然法思想就同时拥有泛神论和理性主义的精神。柏克在对18世纪自然神论的反思中，吸收了古希腊自然法思想，结合当时自然科学的发展以及基督教的教义提出，“自然法”是上帝的正义道德律，是神圣的宇宙秩序，是法律和道德的基础，决定着一切事物的发展和社会历史的进程。

---

① 参见徐大同主编：《西方政治思想史(16～18世纪)》第3卷，天津人民出版社2005年版，第206页。

② [古罗马]西塞罗：《论共和国 论法律》，王焕生译，中国政法大学出版社1997年版，第81页。

③ [古罗马]西塞罗：《论共和国 论法律》，王焕生译，中国政法大学出版社1997年版，第144页。

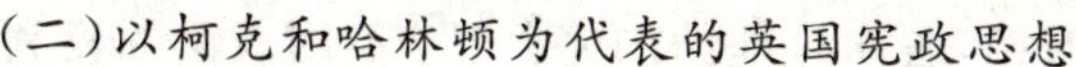

（二）以柯克和哈林顿为代表的英国宪政思想

列宁曾经指出："宪法的实质在于，国家的一切基本法律和关于选举代议机关的选举权及代议机关的权限等等的法律，都表现了阶级斗争中各种力量的实际对比关系。"[①]因此，可以说，宪法本质上体现为社会各阶级力量在政治权利上的一种平衡。英国作为近代宪政国家先驱者，其宪政传统可以追溯到 1215 年《大宪章》(Magna Carta of 1215)。到 13 世纪，英国政府在组成上已经形成了国王、上院（贵族）和下院（平民）的结构。在之后几个世纪的发展中，国王的权力逐渐削弱，到"光荣革命"时期，议会通过和平的方式掌握了国家的主权，英国 1688 年"光荣革命"也可以称作"宪政革命"。

宪政思想是柏克政治思想的焦点。在其著作中，他明显地表达了对以爱德华·柯克和哈林顿为代表的英国宪政思想传统的崇敬之情。

爱德华·柯克爵士(Sir Edward Coke，1552～1634)曾任英国大法官，在国王特权问题上与詹姆斯一世有争执而被免职。作为国会中反对派的领袖之一，他曾参与起草了 1628 年的《权利请愿书》)，是詹姆士一世时期王室法庭的首席法官。他强调通过法律限制国王权力，保障臣民在中世纪时期就已享有的古老的权利和自由。柯克认为，法律来自沿袭已久的惯例，是国王也不能违背的，英国人的任何权利都应在法律的界限内行使。他指出："如果所有理性分散进入许多的头脑，而后将之合而为一，即令如此他还是不能制定如英格兰法这样的法律来，由于是经过世世代代延续下来，它已为许多严肃认真而学问高深的人一遍又一遍地提炼过了，它为我国政府长期的经验培植到如此完美的程度，正如古老的规则所恰当地证明的，没有人（出于自己的私人

① 《列宁全集》第 9 卷，人民出版社 1972 年版，第 309 页。

理性)要比法律更为明智,法律是理性的完善。”[①]英国人民的权利与自由不是国王授予的,而是来自世代相传的普通法。英国具体的法律条文和司法程序为自由民权利的获得提供了保障,这也是在英国漫长的封建君主专制(absolutism)时期,其没有形成过分强大与专横的专制王权的主要原因之一。

柏克极为推崇的另一位英国宪政传统的代表人物是詹姆斯·哈林顿(James Harrington,1611～1677)。在17世纪的思想家中,哈林顿是第一位看到经济基础同上层建筑关系的政治思想家。

哈林顿提出:“产权的均势或地产的比例是怎样的,国家的性质就是怎样的。”[②]如果一个国家的全部土地为一个人所有,或一个人拥有的土地超过该国所有其他人的土地,那么这个国家就是绝对的君主制政体;如果少数人或一个贵族阶级,或者再连同教士一起所占有的土地超过人民,那么就是混合君主政体的国家;如果全体人民都是地主,或是没有一个人或少数人所拥有的土地超过他们,那么这个国家就是共和国。[③] 他认为,按照均势的原则来维系政府是合乎自然的。因此,政府应该按照全人类的利益进行统治,并且要依据法律的规定统治,以免使一个国家成为一个人的王国。这样的国家应该由人民就重要的社会政治问题提出建议,并由元老院来进行辩论,然后由人民或者他们的代表组成议会来选择和决定,后再由一个机构来执行人民的决议。这样,共和国既通过元老院而具有贵族政体的性质,又通过人民大会而具有民主政体的性质,通过行政机构而具有君主政体的性质,

---

① James R. Stoner. Jr.. *Common Law and Liberal Theory: Coke, Hobbes, and the Origins of American Constitutionalism*. Lawrence: University Press of Kansas, 1999, p. 23.

② [英]詹姆士·哈林顿:《大洋国》,何新译,上海商务印书馆1981年版,第10页。

③ 参见徐大同主编:《西方政治思想史(16～18世纪)》第3卷,天津人民出版社2005年版,第208页。

这种由混合政体组成的国家，便是完美无缺了。① 当时的英国社会权力的重心正在由大土地贵族和僧侣阶级向以乡绅为主的中等土地贵族转移，而哈林顿的共和主义思想正是这种英国社会变迁的反映。他主张建立的是一种维护士绅阶级政治和经济权利与利益的君主立宪制。哈林顿混合政体的思想对北美革命产生了深刻的影响，同时也影响了柏克的贵族代议制观念的形成。

柏克受到英国宪政思想的影响，一生秉持"法律至上"的观念，反对任何形式的专制和暴政。他认为，英国的政体是迄今为止最好的政体，既能够通过宪法对国王的权力进行制衡，又能实现社会各阶层利益的平衡。在他看来，宪政观念已深入英国民众的心里，并成为其思维方式的一部分，并将因此而不断影响英国社会的改革和发展。

（三）以洛克和休谟为代表的经验主义哲学思想

英国资产阶级革命第一次在欧洲大国中确立了资本主义制度，它对整个欧洲近代资产阶级反封建运动起了巨大的推动作用。与此相应的是，作为英国资产阶级意识形态理论基础的英国经验主义哲学不但给资产阶级革命运动和革命思潮提供了直接的思想武器，而且作为一种系统的世界观，给当时欧洲学术界带来了极大的影响。经验论派的一个共同点是承认知识和观念起源于经验这样一个原则。洛克和休谟是经验主义哲学的主要代表人物。

洛克（John Locke，1632～1704）是英国资产阶级革命终结时期的哲学家，亦是英国著名的政治思想家，他的自然权利学说成为有产阶级追求无限财产的无限权利的有力辩护。但是，对柏克来说，洛克的影响更在于他的经验主义的认识论。欧洲哲学中的"唯理论"派认为，那种有普遍必然性的理性知识不能来自感觉经验，它的某些基本原则乃是人心中固有的或与生俱来的"天赋观念"或"天赋原则"。洛克有

① 参见徐大同主编：《西方政治思想史（16～18世纪）》第3卷，天津人民出版社2005年版，第210页。

力地批判了“天赋观念”学说，断言人心在获得感觉经验之前就是一块一无所有的“白板”，一切知识都起源于后天的感觉经验。人类有两类知识，一是关于人们心中抽象观念的概括知识（如数学知识、伦理知识），二是关于实在存在的知识，即关于外物、自我、上帝存在的知识。人类的知识是缺乏而稀少的，概然性的意见是生活的指南；信仰不能反乎理性，但可以高于理性；在不能获得确然性知识范围内，应听从信仰。① 而人们关于政治的知识只能从人的实践中得来。洛克的思想反映了1688年的阶级妥协，并表现出了资产阶级稳健派的思想。

英国经验主义哲学的另一位主要代表人物是大卫·休谟（David Hume，1711～1776）。休谟承袭了知识起源的经验论的观点，提出人除了感官经验之外，没有任何真正的能力。他对“理性”一词按其在自然法体系中的惯用含义进行了缜密的逻辑分析，指出启蒙学者在“理性”的名义下把三种含义不同的要素或过程结合并混淆了起来。质言之，把“理性”奉为“王者之尊”的启蒙思想家们，通常将“理性—自然法”概念指称三类性质迥异的事物：理性所发现的一般法则；自然界和社会存在的事实法则；以“天赋权利”之名统称的人权、自由及公平等价值准则。由此引致了“逻辑的必然、事实的必然和道德的必然”三类含义的严重逻辑混乱。② 休谟指出，作为逻辑必然的理性仅仅存在于数学的局部知识，事实的必然即自然界的诸多法则来自习惯的联想，道德的必然是价值判断，自由、平等、公平、正义等价值规范既非事实的推理，亦非理性的对象，它们只是人类的愿望和“癖好”。③ 他否认“社会契约论”，认为对政府权力的服从起源于习惯，要求人们把习惯

① 参见陈修斋主编：《欧洲哲学史上的经验主义和理性主义》，人民出版社1986年版，第66页。

② 参见[英]休谟：《人性论》下册，关文运译，商务印书馆1997年版，第517、536页。

③ 参见黄基泉：《西方宪政思想史略》，山东人民出版社2004年版，第104～108页。

作为政治生活的指南，踏着前辈的足迹，遵从现有的制度，保持政府的稳定。[①] 这样一来，自然权利体系的支点——“理性万能论”的神话破除了，习惯、传统、历史与经验等要素因之而获得了对人类社会中各种法律政治现象发生学意义上的正当解释权。休谟的思想反映了英国资产阶级登上统治地位后，力图用怀疑论来维护自己统治的倾向。

柏克忠实地继承了英国经验论及习惯法之认识论与政治哲学的传统。在经验主义认识论的影响下，柏克充分肯定了感性在人的行为和社会生活中的影响，主张宗教信仰具有理性不可替代的作用，并进一步强调了传统在社会存在和发展以及人的品格形成中的决定性作用。他反对运用数学式的逻辑推理和抽象的形而上学式的思辨理论指导政治实践，提出了政治行为只能依据经过去实践检验的传统、结合现实的具体情况审慎地决定。这是柏克保守主义政治思想的根本特征。

① 参见陈修斋主编:《欧洲哲学史上的经验主义和理性主义》，人民出版社 1986 年版，第 69 页。

第二章　柏克对启蒙思想之缺陷的反思和批判

17 世纪下半叶到 18 世纪的欧洲是一个"理性的时代"，是对被称作"信仰的时代"的中世纪的批判和扬弃。正像一位美国学者论及启蒙运动时所说："从未有过一个时代对传统抱有如此的怀疑态度，对人的理性和科学的能力抱有如此的信心，对大自然的规律性与和谐性抱有如此坚定的信念，也从未有过一个时代是如此深刻地受到文明进步和发展观念的浸染。"①启蒙时代反封建、反专制的批判精神无疑推动了社会的进步；但是同时，启蒙思想家们无一不将理性奉为神圣，视其为衡量一切事物的标准，将对理性的尊崇推向了极端。

产生于 18 世纪下半叶的欧洲浪漫主义思潮，是对启蒙运动的批判与超越。那是一个资本主义工业革命兴起的时代，也是一个政治与经济方面动荡和痛苦的年代。正如恩格斯所指出的那样："和启蒙学者的华美约言比起来，由'理性的胜利'建立起来的社会制度和政治制

---

① [美]R. R. 帕尔默、乔尔·科尔顿、劳埃德·克莱默:《近现代世界史》上册，北京大学出版社 2009 年版(第 10 版英文影印版)，第 298 页。

度竟是一幅令人极度失望的讽刺画。”[①]以卢梭、雪莱、柯勒律治和歌德等为代表的浪漫主义者们认为，启蒙思想家们无限地夸大了理性的作用，错误地把理性认作人类一切事务中的尺度。他们反对启蒙时代所盛行的泛科学主义，即试图将自然科学的、对事物进行定性和定量分析与研究的方法应用于社会科学及人文学科等一切领域。在他们看来，在人类生活的很多领域中理性是存在着局限的。比如，道德原则和宗教信仰最主要的不是产生自理性，而是源于情感和良心，换言之，情感和良心先于理性。他们强调人的个性和多样性，特别是情感、直觉和想象力的重要性。

在浪漫主义者看来，共同的语言、宗教、民族的艺术、习俗等形成了人们之间的非理性的、潜在的社会纽带，因而他们反对那种将个人与社会群体割裂开来的个人主义。浪漫主义者反对启蒙的理性主义在强调个人权利与自由的同时将人理解为一个个抽象的、孤立的、原子似的个体。他们认为集体高于个人，个人只有融入社会和集体才能获得真正的自由，才能感受到人生真正的归属和价值。对浪漫主义者来说，社会和集体能够激发起人们心中的友爱、忠诚和对他人的责任与义务等情感，以及宝贵的宗教情愫和爱国主义精神，而这对于一个民族与社会健康的生存与发展是至关重要的。

柏克是英国近代史上一位杰出的政治思想家，被称为“保守主义之父”。然而，西方的一些著名学者认为柏克同时又是一位浪漫主义者。如著名的英国学者沃恩(Charles E. Vaughan)就曾在其《浪漫主义的反叛》(*The Romantic Revolt*)一书中将柏克归入欧洲近代主要的浪漫主义者之列，并用相当多的篇幅对柏克的有关思想进行了阐述。[②]可以说，柏克既是保守主义的先驱，又是一位浪漫主义者。他批判启

① 《马克思恩格斯选集》第 3 卷，人民出版社 1995 年版，第 227 页。

② Charles E. Vaughan. *The Romantic Revolt*. Edinburgh and London: William Blackwood and Sons, 1907, pp. 120-121.

蒙思想家将传统等同于无知和迷信的观点，认为仅靠理性不足以规范人们的行为和维护社会的秩序与和谐，必须由承载着道德规范的传统思想与习俗来制约人们的欲望和冲动。他反对启蒙思想家将科学理性应用到社会和政治领域的做法，提出指导政治实践的首要的品质不是抽象的概念，而是审慎(prudence)，亦即实践的政治理性，主张道德原则与审慎、策略和权变的辩证统一。权变不可被用于邪恶的目的，审慎服务于道德自然法。但仅有原则而没有策略与机变，就无法应对错综多变的政治形势。当启蒙思想家试图用科学理性取代宗教信仰时，柏克敏感地看到宗教所具有的为理性所不能替代的作用。他批判启蒙时代的个人主义错误地将人理解为抽象的个体，指出个人的本质与特征是他生活其中的社会关系以及那个社会的历史、传统和习俗的产物，强调任何一个社会的健康的生存和发展，包括该社会每一个成员的福祉，都必然有赖于个体对于群体的依附和归属。从以上方面我们可以明晰地感受到柏克政治思想的浪漫主义气质，而他对启蒙思想之缺陷的反思和批判又给当代的人们以种种的启示。

一、对启蒙理性弱点的反思和批判

在将过去的一切传统的旧制度、旧思想全盘否定之后，启蒙思想家相信人类可以凭借理性掌握一切关于社会的各种知识，发现社会发展的规律，依靠人类理性的发展推动人类历史的进步。他们相信世上存在着一种独一无二的生活方式，即一切以理性为依归、为最高准则的生活方式，而这种方式一旦扩展到世界各地，就会固化成一种永恒的模式，无需更改，因为它已完美无瑕，能够满足人们一切的利益和欲望，带给人们幸福。他们相信自然科学的方法是保证人类获得真理的正确方法，这种方法不仅适用于自然科学研究，而且适用于社会科学研究。他们一方面强调理性的重要性，强调个体经验的重要性；另一方面将社会理解为一个机械体，将其比喻为机器，人们按照抽象的、思辨的理论概念来控制与支配其运行。

启蒙时代的思想家们在将社会理解为机械体的基础上，进一步提出，要掌握真正的政治学说，所需要做的只是把伽利略在物理学中应用的综合和分析的方法应用于政治领域。正像奥克肖特所言，“他相信不受阻碍的人类‘理性’(只要能被运用)是政治活动绝对可靠的指挥。此外，他相信作为‘理性’的技能和操作的论证；他只在乎观点的真理和制度的理性理由(而不是用处)。因此，他的许多政治活动就是把那个社会的、政治的、法律的和制度的遗产带到他理智的法庭上；……对理性主义者来说，没什么东西只是因为它存在就是价值(肯定不是因为它已存在了许多代)，……他的气质使他更容易理解和从事破坏和创造，而不是接受或改良。”①

柏克活跃于英国政坛近30年，多数时候是作为下院议员参与政事的，他对社会和政治的理解超出了启蒙思想家的理性藩篱，以对社会现实的深刻洞察力和对政治的高度敏感性提出了与同时代思想家截然不同的看法。

(一)传统是社会道德、规范与准则的基础和源泉

柏克指出，区别于以求真为目的之纯粹的科学理论，政治实践则是以好/善(good)为目的。“好”并不一定仅从道德意义上来说，它也可以具有功利的含义。用柏克的话说：“人的行为产生自与他可能获得的利益相对应的足够的动机。”但是，柏克眼中真正的审慎行为理应在道德意义上有好的结果。政治实践涉及的是对与错(right or wrong)、善与恶(good or evil)的问题，而不是真与假(truth or falsehood)。不道德的、可能导致祸害的东西在政治上就是错的、恶的；相反，在道义上产生好结果的东西在政治上则是对的和善的。任何政治行为都是通过“尝试”以实现“普遍利益”(the good of the common-

① [英]迈克尔·奥克肖特：《政治中的理性主义》，张汝伦译，上海译文出版社2004年版，第4页。

wealth)。[①] 然而,政治实践同复杂的社会现实密不可分,社会现实是产生和解决政治问题的土壤。柏克认为:"事实上,形势(circumstances)赋予每一种政治原则以鲜明的色彩和独特的效果。形势使每个社会政治计划或造福于民,或贻害无穷。"[②]政治哲学是作为政府当中那些代表公民社会的人们的实践艺术,它不应是也不可能是涉及抽象真理的猜测性科学。在进行政治决策与追求政治目标的过程中,政治家绝不会寄希望于一种精确的、类似于数学必然性的知识。相对于科学理性可以认识到自然界具有普遍规律的情况,在政治问题上,不能用纯粹的抽象理性证明任何普遍的东西,政治事物不接纳任何形而上学的抽象。

理性既体现为人的逻辑推理等思辨能力,又体现为人在科学实验中运用的归纳、类比等经验理性。柏克并不是无区分地否定一切理性,他反对的是那种从概念到概念的抽象的理性。"本能如果是这件事,智慧永远不是另外一件事,智慧是人的自然本能(nature)"[③]在柏克看来,理性是人与生俱来的一种能力,是人的自然本能,体现在人们于社会生活中获得的一切知识和经验中。然而,他同时指出,个人理性在面对社会和政治的复杂性时是有局限的,人的知识所能达到的领域相对于浩瀚的未知领域来说,相对于复杂的社会和政治来说,是十分渺小的,并且也不可靠。非理性因素在人类行为中发挥着非常重要的作用,有时甚至是关键部分。人内心的感受,特别是人的激情和欲望等是人与生俱来的本性,往往会在人类行为中产生决定性的影响。不是抽象的理性,而是由人们的历史经验所锤炼出的习俗和传统构成

---

① Francis P. Canavan. Edmund Burke's Conception of the Role of Reason in Politics. *The Journal of Politics*, 1959, 21(2): 60-79.

② 陈志瑞、石斌编:《埃德蒙·伯克读本》,中央编译出版社 2006 年版,第 138 页。

③ Charles Edwyn Vaughan. *The Romantic Revolt*. London: William Blackwood and Sons, 1923, p. 127.

了社会道德、政治和经济生活中权威的基础和来源。正是人们的传统、习俗与行为方式决定着原则和法律，而不是相反。

针对启蒙时代的机械社会观，柏克从人类社会历史发展的高度指出，社会是一个连续的、渐进发展的复杂有机体，是历史演进的产物。一方面，社会好像是一个活物，时刻处在一种变化的过程中，其每一时刻的状态都来自过去，却又不同于过去，其发展的每一个阶段都是按照同样的进程被传承下去。社会的发展是沿着连续渐进的方式进行的，是在旧秩序的基础上逐渐演进而来的。因此，得以延续下来的旧制度具有不可估量的价值。不能将社会的连续性打破重建，那样无异于砍断了社会的链条而使其不复存在。另一方面，社会是一个庞大的关系网，任何一部分都有其自身的功能，每一部分都同社会中其他部分发生着千丝万缕的联系，各个部分的合力构成了整个社会。家庭是社会形成之前的最基本单位，家庭的扩大、发展和联合最终产生了文明社会（政治社会或国家）。社会是各个部分统合的奇迹，其发展是社会中人们不断纠正错误、积累经验的复杂历史过程。社会秩序是在社会机构、习惯和风俗以及个人因素的相互作用下形成的。每一个社会都有自身的一套风俗体系，有自身的发展方式和遵循的原则。柏克声称："设计一套放之四海而皆准的方法；以命令印度斯坦土人的方式，去命令弗吉尼亚人；或以相同的计划，去管理印度的法院和萨勒姆的大陪审团；——这样的妄想，我是从没有过的。"[①]虽然每个社会都有自身独特的风俗体系，但在柏克看来，整个社会秩序同宇宙秩序是协调一致的，同由不断变化而构成的永恒的整体的这种存在方式相一致。柏克将社会理解为一个内部经历着不断的渐进式上升的变化的有机整体，其演进得自上帝伟大的智慧安排。

柏克指出，世间的人们是为欲望所驱策的，所以必须有承载传播

① [英]爱德蒙·柏克：《美洲三书》，缪哲选译，商务印书馆 2003 年版，第 193～194 页。

着道德规范的传统思想与习俗来制约人们的欲望和冲动，而仅靠理性是难以做到这一点，从而维护社会的秩序与和谐的。启蒙思想家们主张彻底抛弃传统思想与习俗，仅仅靠理性指导与维系社会，这在柏克看来是天真与荒谬的。柏克认为理性是脆弱的，其作用是极为有限的，尤其是对大众而言。因为大众对社会章法与制度的接受并非基于一种理性上的逻辑分析和深思熟虑，而是由于这些章法与制度是经历了长期的、世世代代人们的历史实践的检验而被证明了是正确的、合理的。①

这里我们便涉及柏克的一个十分重要的概念"prejudice"。这个词最通常的含义是"偏见"。但它在柏克的论述中是褒义的，而不是贬义的，译成"偏见"显然不妥，尽管我们国内不少文章中都采用了这种译法。"prejudice"还有另外一个含义，或同义词，就是"preconception"。所以，国内学界中也有人把柏克的 prejudice 这一概念译成"先入之见"。但这似乎也不妥，因为按汉语的习惯，"先入之见"也有贬义在里边。其实，柏克用"prejudice"一词来指代的是每一时代的人们从先辈们那里继承下来的思想和观念，而这种思想和观念因为世代相传，已深深植入人们的头脑、心灵乃至血液中，因而当其成为人们行为的规范和指导的时候，已具有了一种潜移默化、约定俗成的作用，就有如 2000 年来儒家思想在中国人的生活中所起到的作用那样。具有这种作用和特点的世代相传的传统思想和观念，被柏克称为"prejudice"，他认为其对社会的健康生存和发展具有为抽象的理性所不可替代的、至关重要的作用。在这里，我们不妨将其译为"传统"。

传统是一个民族世代积累的，并仍在现实中起作用的社会政治制度、风俗习惯和文化等的总和。虽然柏克用不同的词指代传统，如"先

① Russell Kirk. "Burke and the Philosophy of Prescription," in *Essays in the History of Political Thought*, Ed. by Isaac Kramnick, Englewood Cliffs. New Jersey: Prentice-Hall, 1969, p. 289.

辈的遗产”“古老的制度”“永久的东西”等，但其内涵却只有一个：“我要告诉你们的是亘古至今被我们所接受的见解，它们一直得到普遍的赞同，而且它们确实渐渐进入了我的思想深处，以致我都无法区分哪些是我从别人那里所学到的，哪些又是我自己思考的结果。”①首先，传统是经历了过去几代人的实践检验，经过了世代人依据当时的情况的理性选择，持久地作用于人们的思想和行为中的东西。它在人们的社会实践和意识活动中逐渐孕育出来，在人们彼此的交往中日益形成。它是数代人积淀的智慧，是人们从过去实践经历的错误和缺点中、在不断解决社会问题中总结出的历史经验的总和。无论是法律还是政治制度都源自传统，都是得自先辈的遗产，都是智慧的沉淀。其次，传统是被现存社会中的人们普遍认可，满足现实社会中人们的需要，并作为价值标准存在的东西。传统不是某一个时代、某一天产生的短暂存在，而是稳定的存在于几代人的心中并在日常生活中发挥决定性的影响。柏克在《感想录》中这样描述英国人的性格：“英国人民不会模仿他们从未尝试过的样式，也不会回到他们试验发现是灾难性的那些样式中去。……他们(英国人)认为，他们国家目前所存在的这种结构具有不可估量的价值，并且感到不受干扰的王位继承制是我们宪法所有其他组成部分稳定和持久的一种保证。”②正如刘鸿鹤所说：“人们需要判断事物的标准，需要认识事物的范畴和行为准则。而每一个特定时代的人们都不具备足够的原创性来独立地创造和形成关于真理、正义等等的认识和观念，都需要其前辈和祖先的帮助。这种遗产已经成为人们心灵深处、下意识中心甘情愿接受并赞同的东西。”③

① 陈志瑞、石斌编:《埃德蒙·伯克读本》,中央编译出版社 2006 年版,第174 页。

② 陈志瑞、石斌编:《埃德蒙·伯克读本》,中央编译出版社 2006 年版,第148 页。

③ 刘鸿鹤:《扬清激浊 返本开新——徐复观论儒家政治思想》,载《中西会通与中国哲学的近现代转换——第 12 届国际中国哲学大会论文集》(3),商务印书馆 2003 年版,第 663 页。

对柏克而言，传统的观念持续得越久，流行得越广，就越要珍爱它们。一方面，柏克承认经验的合理性，承认社会既存状态的正当性，却怀疑个体的经验和现时体验。他提出，仅仅关注个体价值的实现和此时此刻的体验无疑是不可靠的，是不具有普遍性和持久意义的。那些经历了数代人的选择，经历数世纪的先辈的经验积累，延传至今的、经过时间和空间考验的、持久的传统不是某一个人或某一代人的抽象的理性思维可以囊括和替代的。这些经验在过去人们的经历中被证明能够带来好的结果，现实社会的繁荣和进步更证明了其具有不可估量的价值。另一方面，传统观念在我们出生之前就已经存在，人们一直生活在传统中而不自知地、自然而然地受其影响。[①] 传统习俗流行得越广也就意味着它已为人们在更大的程度上所接受，以致成为一个国家的风俗体系，成为社会中每一个心理正常的人所珍惜的价值原则和标准。它们为社会现实服务，对现实生活有着不可替代的作用，成为既存社会之所以如此的稳定的基础。

总之，任何一个时代的人们都不可能独立地创造一整套关于真理和正义的观念体系，以及规范整个社会道德、政治和经济生活的典章、制度和准则。而这一切观念体系、典章制度和准则，都必须是人们在漫长的历史长河中逐渐形成、积累并世代相传的产物。因此，明智的做法不是去全盘否定、颠覆传统思想，而是从传统思想中汲取营养、发掘智慧，再辅之以理性，使之成为维系社会健康地生存和发展的建设性的力量。没有传统思想和习俗这种教化的、建设性的力量和因素，一个社会要想免于解体的命运，就只有诉诸专制与强力的统治，从而使天下失道，造成悲剧与苦难。传统是至关重要的，因而需要敬畏与呵护。传统的形成往往需要世代的培育，而且它又是脆弱的，易于受到损伤。而传统一旦发生了断裂，那将是很难修复的。如果人们失去

---

① 参见陈志瑞、石斌编:《埃德蒙·伯克读本》，中央编译出版社 2006 年版，第 145 页。

了对传统思想与习俗的尊重和敬畏，他们将在欲望和冲动的驱策下恣意妄为、以强凌弱、骄纵横行，那么将会出现“礼崩乐坏”的乱象，甚至造成社会的解体。[①] 柏克的这一分析和论断不禁使我们联想到20世纪初叶以来，以儒家思想为代表的中国传统文化在全盘西化的梦想里、在极端反传统主义(radical anti-traditionalism)的批判中所产生的断裂，以及由此对中国文化、中国社会所带来的伤害。

柏克珍视传统，但他并不是一味地反对变革。他懂得变革是必然的，不可避免的。但他又强调指出，变革应是渐进的，最好是以一种几乎为人们觉察不到的微妙方式和程度发生。这种渐变可以防止传统的断裂，可以防止贫富急剧变化所带来的双重的负面后果。柏克的这个态度应从两方面来评价。一方面，他对传统思想与习俗的重要作用的强调反映了他思想的精微和深刻；另一方面，他关于防止急剧社会变革带来负面影响的思想，反映了他的有产阶级的立场，反映了他害怕资产阶级和贵族财产权受到侵害的担心和忧虑。

（二）审慎（实践的政治理性）是首要的政治美德

柏克反对那种从概念到概念的抽象的理性，然而他并不是无区分地否定一切理性。著名的美国学者凯纳文(Francis Canavan)指出，柏克所主张的实际上是一种政治理性(political reason)或实践的政治理性。在柏克的思想中，审慎即指政治理性，二者是同义语，可以交互使用(interchangeable)。政治家正是凭借这种政治理性指导政治的行动，从而实现政治的目标。他认为思辨哲学家的任务是规划政治的理想，而政治家(philosopher in action)的任务则是找到实现这种理想的

① Edmund Burke. *Reflections on the Revolution in France*, Ed. by J. G. A. Pocock. Indianapolis: Hackett Publishing Company, 1987, p. 218.

恰当的途径、方法或手段。[①] 所以,与其说柏克的著述是写给哲学家的,还不如说他是写给具有哲学头脑的政治家的。其实这也很自然,因为柏克本人就不是一位书斋式的学者,而是一位哲学家兼政治家(philosopher-statesman)。

柏克认为,一个好的政治目标往往是具体的、可实现的,复杂的,并且是不完美的。首先,它是具体的。一个民族或社会的特质和特殊环境、特殊条件决定着何种政治制度最适合他们。这种特殊条件和特质甚至包括主观的、心理的因素。政治理性寻求实现特定民族人民的福祉,因此必须考虑到本民族或社会的特殊性质,以及他们所处的特殊环境、条件,并考虑到他们心目中之福祉的特定的内涵和意义。其次,该目标具有可实践性。"可实践性"意味着具体的政治目标在某些政治家所处的特定历史条件中是可以通过努力来实现的。政治的行为必然受到特定历史条件(政治、经济、地理)的限制,这便制约了具体的政治目标得以实现的可能性。因而政治理性要实现的目标并不是抽象的理想,而是具体的、受到客观条件制约的。再次,实现政治目标的过程是复杂的。一个特定的政治行为或政策可以指向一个确定的目的。但是对这一特定目的的追求必须考虑到许多错综复杂的因素。一个社会是由各种不同阶层的人和不同利益集团构成的,而各阶层和各利益集团之间的关系又是极为复杂的,所以任何政治目标的实现都必然受到这种错综复杂的社会关系的影响和制约。[②] 最后,一个好的特定的政治目标,正因为受到各种条件和因素的制约,所以往往是不完美的。也即是说,完美的政治目标是不可实现的,也是政治家不应

---

① Francis Canavan. "Edmund Burke's Conception of the Role of Reason in Politics," in *Essays in the History of Political Thought*, Ed. by Isaac Kramnick, Englewood Cliffs, New Jersey: Prentice-Hall, 1969, p. 266.

② Francis Canavan, "Edmund Burke's Conception of the Role of Reason in Politics," in *Essays in the History of Political Thought*, Ed. by Isaac Kramnick, Englewood Cliffs, New Jersey: Prentice-Hall, 1969, pp. 268-269.

追求的。政治家应追求的是特定的、不完美的政治上的善（political good）。柏克的这个思想就有如开创了中观学说的印度佛教大师龙树对真善美的态度。龙树认为没有绝对的、永恒的真善美，只有相对的真善美，因而主张去掉对绝对、永恒的真善美的“我执”，以一种更为开放洒脱的心态追求相对的真善美。柏克在主张追求不完美的政治之善方面，与龙树的上述思想有相似之处。

在柏克看来，政治家的判断与科学家和工程师的判断有很大的不同。工程师在工作中可以追求一种高度的、经过精细量化方法取得的确定性和精确性。而政治是一种艺术，往往是难以像自然科学那样精确量化的，它的境界常常有一种“只可意会，不可言传”的意味，具有不可避免的不确定性。

柏克反对那些只考虑抽象的原则而不考虑最终目的能否实现的教条主义者（doctrinaires）。他主张不仅要注重理想的目标，而且要注重实现政治目的的具体环境、条件与策略。这些都包含在他关于政治理性及审慎的思想理念中。柏克指出，正因为对于特定政治目标的追求受到种种历史条件及各种社会利益冲突的制约，所以在追求政治目标实现的过程中妥协（compromise）是极为重要的。政治理性的特有性质决定了仅靠个人的智慧是难以避免错误的发生的，这就要求不同人的思想与智慧的合作，而这同时也决定了妥协与平衡的必要。妥协与平衡可以防止鲁莽的改革与独断专行。柏克的这一思想是很深刻的。实际上，杰出的政治家往往都深谙此道。综观中国与世界的历史，成功的政治实践总是伴随着必要的妥协。比如在中国人民的抗日战争中，中国共产党人就是为了实现救亡图存的大目标而与消极抗战、积极反共的国民党当局实行妥协，建立了抗日民族统一战线。中国共产党人的原则是“以斗争求团结”，所谓的“以斗争求团结则团结存，以退让求团结则团结亡”。而中国共产党的领导者又指明斗争要“有理、有利、有节”，树立了为在政治斗争中达成伟大目标而实行必要妥协的典范。

然而,柏克并非是主张审慎与“权变”(expediency)至上,而是把以道德原则为精神实质的上帝的自然法置于审慎的政治理性之上。审慎的领域存在于不变的原则和不断变化的情势与条件之间的“度”或关节点上。而审慎的作用与价值就在于对这二者的协调与结合。换言之,柏克主张原则与权变、策略的结合,追求原则性与灵活性的统一。权变不可被用于邪恶的目的,审慎服务于道德自然法,同时服从于自然法的指导。柏克视审慎为上帝启示的一部分,是人性中第一位的美德。机变、灵活性、策略是实现原则的手段与途径。原则是必要的,然而仅有原则又是不够的。没有原则,就没有一以贯之的、明智的和道德的行为;但仅有原则而没有策略与机变,就无法应对错综复杂与多变的政治与社会形势,就无法保证理想的政治目标的实现。正是审慎和策略成为原则得以实现的必要保证。

作为一个政治家,柏克最主要的关切是社会与政治的秩序。然而,在他关于社会秩序的后面占主导地位的是关于宇宙的秩序的观念。在他看来,道德法则是政治制度得以形成和建立的基础,而基督教关于神意的教义则是道德法则的基础和源泉。道德法则内在于人的本性,但人的本性却是来源于上帝的创造和赋予。儒家经典《中庸》开篇即说“天命之谓性,率性之谓道,修道之谓教”,意指人性是上天赋予的,而遵从上天的意旨,同时也即是遵循了人的本性,反之亦然。柏克的思想与《中庸》的思想有相通之处。

审慎不是权宜之计,不是自私的算计,而是为了实现国家的长治久安、实现人们福祉的手段和途径;它不是抽象的、逻辑的思辨,而是依靠传统的经验和智慧,结合社会现实情况解决政治问题的一种思维方式、一种首要的政治道德。审慎的观念要求在政治实践中既要依据过去的传统经验,又要充分考虑当前的实际情况。很难说哪个方面在柏克心中占更大的比重,其源自柏克“保守的天性”和“进步”的意愿,既暗示了他对遇到的问题的担忧和稳重，又体现了他在应用历史方法上的耐心与灵活。一方面，从过去的成功或失败的实践中汲取的智慧是最可靠的，符合自然法的原则；另一方面，由于新形势、新情况的出现，过去的某些部分也可能不适合新的状况，这时就需要人们运用审慎对"当下的情况"结合"先辈的智慧"推陈出新。通过审慎，柏克将上帝的自然法和传统习俗结合在一起。

作为一个标准的道德规范，自然法是在柏克的基本原则里的"高级世界"的政治哲学的基础，作为将自然法应用在公民社会这个"低级世界"的实践手段，审慎成为柏克敏感的关注人的不同之处的出发点，成为他对既存社会的忠诚和对传统的虔敬的基础。通过审慎，柏克将最崇高的道德戒律和最具体的传统经验、事实的细节和环境结合在一起，实现了原则性与灵活性的统一。如此，遵循自然法即是遵循上帝的意旨，同时也即是遵循传统的价值原则，遵循人的本性。然而，必须指出的是，柏克认为，实现人们福祉的好的措施和好的制度的标准是代表普遍利益的广义的功利主义标准，即社会利益总量的最大化就是最大多数人的幸福，而这毫无疑问要求财产权的神圣不可侵犯。可见，审慎的原则的目的最终指向是资产阶级财富的积累。

二、对理性主义宗教观的反思和批判

启蒙的时代是科学取得伟大胜利的时代，是任何不能与理性调和的东西都会受到冷遇的时代，而人类情感最深刻的变革首先发生在宗教领域。启蒙思想家把宗教迷信看成思想浑浊和社会腐败的根源，是科学与进步的死敌，所以要改造社会就必须先破除宗教迷信和教会在社会的影响力，用理性的思想和科学的知识启迪人们的头脑。自然科学对已有宗教攻击的后果是自然神论(deism)思想的产生。自然神论把理性确立为上帝的本质，把一切神学教义尽可能地纳入理性范围内来加以解释，从而限制甚至根本取消神灵启示的作用，因此，自然神论又被称为“理性主义神学”。自然神论者[1]认为上帝像一个钟表匠(watch maker),按照理性法则创造了世界这个钟表之后就不再干预它的运行。自然神论可以被看作理性最初从信仰的控制之下要求独立权利的一种形式,其本身经历了两个阶段:第一阶段是承认理性真理与启示真理同时存在,但是启示的意义只是为科学理性提供补充。科学理性是基于经验证据和归纳、类比推理方法之上的经验理性。而所谓的启示真理,即通过上帝的启示使我们认识到宇宙、世界和自己。《圣经》是一切神学的基础,也是上帝的启示。到了第二阶段更是出现了用理性真理来排斥启示真理的唯理性主义。自然神论者不否定上帝的存在,却将上帝变成了一个合乎理性的上帝,把科学理性确立为宗教信仰的基础。自然神论者要用理性的权威来取代《圣经》的权威。[2] 柏克并非否认科学理性在社会发展中的重要性和所起的作用,他反对的是用科学理性取代宗教信仰。当同时代的思想家将理性的上帝束之高阁时,柏克从古典自然法中寻找到灵感,重释了“自然法”的观念,进而对理性主义的宗教观进行了反思和批判。

(一)科学理性不能取代宗教信仰

柏克第一部公开发表的著作《自然社会辩》(*A Vindication of Natural Society*)就是对当时英国自然神论的代表人物博林布鲁克(Henry St. John Viscount Bolingbroke,1672～1751)的批评。博林布鲁克将怀疑论的经验主义原则应用于宗教,否认基于启示或直觉的论点的正确性。他指责基督教的某些教义是完全违背理性的,认为基督教必定会像历史上其他宗教那样经历兴衰的变迁。

柏克在对这种观点的批驳中提出,信仰是人内心的感受,是客观存在的主观情感方面的感受。最基本的道德判断,对善的追求和对情感的渴望是人内心的固有本性,是科学理性无法取代的。对上帝的信

① 参见赵林:《基督教思想文化的演进》,人民出版社 2007 年版,第 383 页。

② 参见赵林:《基督教思想文化的演进》,人民出版社 2007 年版,第 170～171 页。

仰源自人内心的需要，是人内心的真实反映，是人本性的一部分，理性在这个领域不起任何作用。柏克既不想也不愿去思考和证明上帝的存在，对他而言，上帝的存在与否是不证自明的事。上帝是一切善和真理的基础，规定了自然界一切事物之间的联系。柏克在《自然社会辩》中说道，一切道德的实践以及社会的基础都不能仅仅依赖科学理性认识到的真理，情感等感性方面的因素有着不可替代的作用。[①] 在柏克看来，宗教信仰是科学理性不能替代的，那么又该如何理解上帝的启示——《圣经》呢？

柏克提出，相信上帝的最高权威，就是认同了《圣经》是上帝的启示，但对《圣经》的内容则需要国教依据审慎原则和实际需要作出阐释。对柏克而言，国教同国家是一体的，国教确立的是一个国家固定的道德原则，是一个人得以安身立命的价值标准。如若不然，人们就不知道社会中的荣誉和羞耻为何物，那样的国家无异于一盘散沙。柏克将国家的价值同人内心的信仰、对永恒正义的追求联结在一起。国教所确立的价值标准成为人本性中高尚的道德情操，是公民社会中神圣的正义原则，体现了上帝的意愿。这样，柏克就将对上帝的信仰转化为对世俗的权威的维护，将对《圣经》的信奉和遵守转化为对国家确立的价值的遵守。

柏克强调宗教信仰对人、国家和社会的重要性的最终目的是维护那个经过了“光荣革命”、按出身和财产划分的等级社会。他清楚地知道在这个社会秩序中穷人的生活状况，而宗教的价值原则作为公民的信仰可以使那些穷苦的人们从中得到安慰，并因此免受其他人的不屑和鄙视的影响，在对上帝的信仰中寻求自己在社会和人生中所处的价值和意义；那些富人和统治者也可以心存敬畏并意识到自己在社会中应该承担的职责，进而履行自己的责任和义务。

---

① 参见陈志瑞、石斌编：《埃德蒙·伯克读本》，中央编译出版社 2006 年版，第 4 页。

(二)自然法乃支配万物之法则

柏克虽提出了宗教信仰区别于科学理性的特殊性,并强调了启示的重要性。但是,18 世纪的自然科学在众多领域发现了支配自然现象的法则,人们发现整个世界按照万有引力和其他规律运行,而仅仅作为"第一因"而存在的上帝则被抛在世界之外。

柏克将古典自然法思想同基督教,同当时自然科学的成就结合起来,重释了"自然法"(natural-law)的观念,并试图借此重塑上帝对世界的权威。产生自古希腊的自然法思想延续到启蒙时代大致经历了三次重大的转变。在古希腊时期,由于人们认识水平的有限,自然法用来指自然界运转时所遵循的、由运动着的物体的内在本性决定的法则。到了中世纪,神学家托马斯·阿奎那(Thomas Aquinas, 1225~1274)提出了神学自然法理论。他认为,自然法是"永恒法"(神的理性的体现)在人类身上的体现,是上帝植根于人的本质中的实践理性,用之指引人们实现共同的善。而到了启蒙时代,自然法被社会契约论者理解为人为设定的自然状态中制约人们行为的正确理性,用之维护自然权利。

与以上对自然法的理解皆不同,柏克首先是从维护宗教信仰的角度阐释自然法的。他提出,自然法是上帝统治的"高级世界"的原则,它决定了人类生活的"低级世界"的一切事物的自然进程,世界中万事万物如此和谐的发展和变化都是源自上帝自然法的规定。柏克说:"我们无论是上等人还是下等人,无论是统治者还是被统治者,生来都是平等的,都是处于隶属地位的,隶属于一个伟大的、不变的、先在的法则;它早于我们所有的设计,早于我们所有的发明,高于我们所有的观念,高于我们所有的直觉,先于我们的存在。通过这一法则,我们被组织并联络在宇宙永恒的结构之中,离开这个结构我们就无法活动。这个伟大的法则并非产生于习俗与契约,也不产生于我们看得过高的各种制度。相反,它赋予我们的习俗和契约以它们所能有的全部力量和效力。人类每种出色的天赋都来自上帝,上帝是人类权利的唯一渊源,因为上帝永远不会容许在任何比权力本身更不稳固的基础上运用权力。再者,如果人对人的统治是上帝的安排,那么,这就意味着接受上帝所给予的永恒法律的统治。不论是掌握权力的人还是那些服从权力的人,人之权威概不能予以摒弃。"[①]这即是说,上帝的自然法是决定人类社会和宇宙一切事物的存在、发展和变化的先验原则,是永恒不变的道德律,是现实社会中一切人事的最终评判标准。

不同于启蒙时代的思想家寻求以理性为基础的道德体系,也不同于休谟将理智看作激情的奴隶,更不像卢梭将感性理解为"最直接、最可靠的东西"[②],柏克认为,人的德性源自人内心对永恒正义的追求,是上帝赋予的。上帝的正义是人类道德实践应遵循的最终原则。上帝统治"高级世界"依靠的是正义的道德律——自然法,它是人类生活的"低级世界"的正义的源头,是判断人类行为的最终原则。自然法体现的正义是普遍的道德准则和标准,是高于人类社会并独立于人的意志之上的永恒不变的存在。[③] 因此,在任何时间,任何地点,对所有的个体、种族、民族和政府,自然法都具有最终的约束作用。人类真正的幸福就是按照自然法生活。习惯法、实体法或社会风俗都是人的意志和理性的产物,仅仅适用于特定的政治共同体,而自然法则源于上帝,是制约整个人类社会的至高无上的权威。

在柏克看来,人通过理性所认识到的世界的一切规律不过是对上帝自然法所规定的事物自然进程的认识。自然科学揭示出的自然规

---

① Edmund Burke. "Speech on Impeachment of Warren Hastings(1788)," in *The philosophy of Edmund Burke*, Ed. by Louls Bredvold, Ralph G Ross. Michigan: the University of Michigan Press, 1954, pp. 18-19.

② [法]卢梭:《一个孤独的散步者的遐想》,张驰译,湖南人民出版社 1986 年版,第 38 页。

③ Peter Stanlis. *Edmund Burke, the Enlightenment and Revolution*. New Brunswick, New Jersey: Transaction Publishers, 1993, p. 16.

律是自然法的体现。人类世界的一切都来自上帝,自然界和人类社会的发展变化都遵循着上帝的规定。自然法是现实社会中事物所以向前发展的根本原因、原则和规律。人类历史进程也不过是按照上帝的规定在一步一步向前发展,自然法所体现的上帝的正义是衡量人类社会一切事情的最终的价值标准,而作为自然秩序一部分的社会秩序也必然遵循着自然法原则。如此,既存社会秩序便具有了一种神圣性,这是柏克自然法观念的最终意旨。柏克指出,上帝的正义在世俗社会要求政治以实现公共利益(common good)为目标,而要实现公共利益,就要遵循体现自然法的传统习俗和宪法。

如上所述,秩序是柏克关注的焦点,然而这种秩序既不完全是天然的,也不完全是由历史和传统习俗所决定的,它是上帝和人类共同作用的产物。因而社会的秩序既产生自神圣的宇宙秩序,又是这种神圣的宇宙秩序的反映和体现,并为人类通过其政治理性加以维护和改进。柏克认为这个世界并非是任由人的欲望和冲动所驱策的。它是为一种强大和微妙的目的所引导和推动的,这就是上帝的意旨。上帝拥有最高的智慧,而这个世界、人和国家都是上帝所创造的。这是柏克政治哲学的理论出发点和基石。他认为这些原理在千百年来曾是为人们所深信不疑的教义和真理,可是这些真理的光辉却被启蒙思想家们的批判和挞伐所遮蔽了。那么上帝的意旨是通过什么被揭示的呢?在柏克看来,是通过历史进程的延展,是通过千百年来人们在自身经验中对上帝的思想的体会和领悟,并一代一代将这种体会和领悟传播下去,以至于使这种对上帝所揭示的真理的认识深植于人们的头脑中,融化进人们的心灵和血液里。这也就是传统的力量。

柏克甚至认为,启蒙时代(the Age of Reason)在某种意义上是个无知的时代(the Age of Ignorance)。因为在他看来,如果上帝及其意志的存在是世界的基础和源泉的话,那么把政治和道德完全交由脆弱的理性来指导实在是一种愚蠢的行为,是一种思想文化方面的狂妄。

在这一点上，柏克与卢梭有相似之处，那就是他们都认为法国的启蒙思想家过分相信理性的力量，完全否定了宗教的作用。对柏克来说，宗教不仅是民族精神的象征，而且是一切法律的源泉和基础。① 法律是可以随着时代的变迁而改变的，而原则、自然法和上帝的意志却是永恒的。尽管权变在政治社会中具有十分重要的作用和意义，但是权变必须永远服从于正义和原则，而正义和原则正是上帝通过人类的世代经验向他们昭示和教诲的。政治家必须解读和理解历史与人性。上帝以人的心灵为媒介来创造历史，而政治家则要通过解读历史和人性来体察和领悟上帝的宸衷。

柏克不否认通过科学理性认识到的规律，却将其置于一个更高的先验的道德原则之下。他的自然法观念为既存资本主义社会秩序披上了神圣的外衣，这也是对启蒙时代将人的理性视为政治制度合法性根据的观点的反驳。然而，在对自然法的理解中，柏克更关心的是为其思想主张找到文化的认可，而不是要对基督教的教义作一客观阐释。相比同时代的启蒙思想家，柏克宗教观的重要意义体现在他清楚地意识到宗教在社会中的重要作用。宗教扮演着为人们提供做好事的动机的角色，可以被用来培养爱国的感情和社会责任感。对柏克来说，人类是容易堕落的生物，只有宗教能够给予人们一种"崇高原则"(sublime principles)来维护那些对他人负责任的行为。宗教意识对政治秩序连续性和持久性来说是必不可少的，它锻造了各代人之间的神圣纽带。就这点而言，柏克对宗教的理解就像卢梭所说的："人们进入政治社会后，就要靠宗教来维持。没有宗教，一个民族就不会、也不可能长久存在。"②

---

① Peter Stanlis. *Edmund Burke, the Enlightenment and Revolution*. New Brunswick, New Jersey: Transaction Publishers, 1993, p. 16.

② [法]卢梭:《社会契约论》，何兆武译，商务印书馆 2003 年版，第 170 页。

三、对个人主义的反思和批判

柏克还曾激烈地抨击启蒙时代所盛行的个人主义。他指出，把个人作为思考社会与政治问题的前提、出发点是对真理与事实的歪曲。回溯人类漫长的发展历程发现：不是个人，而是群体才是人类社会生存的基础与保障。他指出，启蒙思想家们所鼓吹的个人不过是一种纯粹的抽象和想象，而历史与现实中个人从来都是作为一个个社会成员而存在的。作为社会之一员的个人，与启蒙学者所想象中的那种孤立的、非社会的个人是完全不同的。每一个现实中的个人都具有其特有的品格、素质和个性。而这些个人之特有的品格、素质、个性都是在他所生活其中的特定的传统、特有的社会制度与环境、特有的习俗与宗教的影响下形成的。在柏克看来，离开了上述的社会环境与条件，人将会像一群夏日里的没头苍蝇一样到处乱撞。柏克指出，个人的活动不仅要受到其同代人的活动的制约，而且还要受到以往历代人的活动的制约。所以他说，个人是愚蠢的，而人类是智慧的，因为智慧来自人们世世代代的积累与传承。对传统的极端的否定是启蒙思想家的一个显著的特点，他们把传统等同于迂腐和偏见。而柏克则认为这表现出启蒙思想家的一种轻率、浮躁，甚至是狂妄。

柏克认为，传统是人们在判断一切事物之前就已经带上的透镜。每个人生而处在一个经传统浸染的社会环境中，受到来自社会各方面的影响，与周围的人时刻发生着各种关系，彼此的交往不可能跳出传统所确立的基本原则的范围。传统同人们社会生活的方方面面发生着各样的联系，决定了现实社会中大多数人认可的思想和行为方式，决定了人们主要的生活方式，进而成为社会的内聚力维护文明社会的存在。传统本身已经成为社会环境不可分割的最根本部分，成为人们一个习以为常的生活背景。传统就如同空气一样，虽透明，却渗透在生活中的各个角落，没有它，人们便无法继续生活下去。传统作为社会联结的纽带，通过一代人对下一代人的思想和行为的影响，将积存于一代人身上的过去的经验智慧沿袭给下一代甚至几代，使传统价值在经历数代之后仍然得以延续下去。柏克指出，不应打断整个国家的秩序和延续性，使一个世代处在一种孤立的位置中。传统作为社会各历史阶段的纽带是客观存在于社会生活中的，仿佛具有了某种血缘纽带的特性而使人们感受到归属感。当社会具有了稳定的，得自同一来源的价值标准时，整个社会的人们才能够团结在一起，而反复无常的多变的价值标准只会更容易导致社会的不稳定，甚至是分崩离析。当然，沿袭积存的传统可能是不一致的，那些适用新情况，满足人们实际需要的传统被沿袭下来，同生活在这个社会中的人的思想和行为相互作用，最终二者达成一致，并形成了一个社会相对稳定的价值原则。柏克提出，虽然受到不断变化的现实情况和人的实践活动的影响，人性的某些方面在经历着改变，但是特定时代的传统已经潜移默化地在人的内心中成为人性最基本的部分。

柏克指出："包含着理性在内的传统的观念，具有使理性运行起来的动力以及一种使之得以长存的热情。它可以在紧急情况下迅速发挥作用，它事先就把我们的思想纳入一种智慧与德性的稳定过程之中，从而使人们在作出决定的关头不至于犹豫不决、困惑、疑虑以及茫然失措。传统观念使得一个人的德性成为自己的习性，而不致成为一系列毫无联系的行为。"①传统对人的内心施加着持续的、不易察觉的影响，进而内化为人性中恒久存在的脾气和性格使人们自觉地坚守，并具体化为人的行为的道德准则。

柏克将人理解为社会群体中的一员，进而将人性的本质理解为经由传统浸润的德性。经过人们的实践检验和理性选择，经过历史的洗礼保留下来的有利于现存国家和社会发展的风俗习惯决定了现实生

① [英]柏克：《法国革命论》，何兆武等译，商务印书馆1998年版，第117页。

活中的人们的思想、性格和价值观。“就人的道德本性而言，人在生活中进化，从而成为约定俗成的观念的产物、习惯的产物、超出自己控制的情感的产物。这些构成了我们的第二本性，因为我们是被上苍所安排的国家居民和社会成员。”①

柏克在对个人主义的批判中看到了人的社会属性的重要性，看到了使人们成为其现在的样子的社会环境（包括人们之间的交往等活动）的重要性，特别是指出了个人的道德情感产生的根源在于社会的传统与习俗，也就是说，正是在传统道德原则的规范与熏陶下人们才逐渐养成了社会正义、忠诚、友爱等基本道德，柏克从而描述了一个整体的、现实中的人的形象，揭示出社会的存在和发展同人内心的情感和道德追求是紧密相联的，二者处于能够相互促进对方实现的传统的统一体中。对柏克而言，不同民族、种族及不同社会中的人们的品性是异彩纷呈的，而这是由他们生活其中的不同的生产方式、不同的传统和习俗所决定的。柏克对印度殖民地的历史、文化以及人们的生活方式，对北美殖民地人们的脾气和性格的强调都给予了充分的关注与尊重。他认为不同民族都有权利拥有自己处理、解决问题的独特方式。因此，他认为启蒙学者寻找“如何生活”的统一的、客观正确的标准答案是毫无意义的。

个人主义产生于近代的欧洲。促成个人主义的产生有政治、经济、文化等诸方面的原因，而其中之一是马丁·路德和加尔文领导的宗教改革。宗教改革家们的一个主要的使命和目的是要强调基督教徒们作为个体的价值和责任。新教徒们认为每一个个人不必通过天主教会的中介就可以直接与上帝沟通，获得上帝的启示和救赎，因而每一个个体的灵魂在上帝面前都具有同等的价值。他们本来局限于宗教领域内的这种主张和追求很快就被扩展到社会政治生活当中。

① 宋香君：《柏克的国家观思想研究》，山东大学硕士学位论文，2011年。

于是人们形成了这样一种信念：政府的产生与存在是为了人民，而不是相反。政府的权利来自人民，来自社会的每一个个体成员的意愿，因而每一个社会成员都拥有同等的权利和自由。[①]

然而，个人主义在欧洲历史上所产生的作用和影响是双重的，包括正、反两个方面。个人主义思想的正面影响在于它无疑加强了社会成员作为个体的公民意识和权利意识，但在另一方面，个人主义的理念与思潮又不可避免地导致社会成员过分地强调个人自身的权利，而淡化了对社会的责任意识。更进一步讲，个人主义的理论又不断地否定和削弱了国家与社会在维持社会的公平正义与健康生存和发展，以及在谋求全体社会成员的福祉等诸方面的作用、责任与权力。正因为如此，卢梭首先对个人主义的这个弊端进行了分析和批判。他指出，给予个人以无限制的权利和权力(power)将不可避免地造成社会在政治、经济方面的两极分化、以强凌弱。而社会与国家则是责无旁贷地要防止——或至少要限制——这种局面的产生和发展。

卢梭十分重视个人的权利和自由，但是他指出，个人应当融入群体和社会，并在个人的利益与社会的根本利益发生矛盾和冲突时，个人利益和意愿应当服从于公意(the general will)，也只有这样，个人才能不仅获得外在的自由，并且——也许是更重要的——获得内在的道德的自由和心灵的自由。

在这一点上，柏克与卢梭有相似之处。在柏克看来，任何一个社会的健康生存和发展，包括该社会中每一个成员的福祉，都必然有赖于个体对于群体的依附和归属，依靠个人对于国家与社会的管理的服从。进一步讲，国家与社会不仅有责任和权利从物质方面来增进个人的福祉，同时还有责任和权利对每个社会成员在道德方面进行教化，而每个个人也有道德的义务和责任来使自己的行为符合国家与社会

---

① Charles E. Vaughan. *Studies in the History of Political Philosophy: Before and After Rousseau*, New York: Russell and Russell, 1960, pp. 17-18.

的法律与道德的规范和要求。这样就使得所有的社会成员之间形成一种兄弟和伙伴的关系,形成一种世代相传的公序良俗。

柏克是一个杰出的政治思想家,但必须指出,他的思想有着明显的阶级的局限。他无疑是一个仰慕和向往贵族阶层的资产阶级的代言者。他出身于爱尔兰一个富有的律师家庭。作为英国下院的议员,他本人在从 1774～1780 年的任期内代表着布瑞斯托(Bristol)选区商人阶层的利益。同时他还在贝肯斯菲尔德(Beaconsfield)拥有相当可观的田产。他崇尚上帝的权威,强调对自然法的敬畏,但他的自然法并不要求对自我利益和私欲的超越,因为他坚信对自我利益和私欲的肯定和喜好都是合乎自然的。如同亚当·斯密,他主张经济上的自由放任主义(laissez-faire),而这种自由放任主义恰是被浪漫主义者雪莱抨击为自私自利的哲学(selfish philosophy)。如同洛克,他关切的核心是维护资产阶级追求无限财产的无限的权利(unlimited rights to unlimited property)。在这一点上,柏克又不是一个彻底的浪漫主义者。他与卢梭在批判启蒙思想之过分推崇理性和否定传统的态度和做法上,在主张道德与政治不可分割等等方面,有十分相似之处,所以不少西方学者把他和卢梭都归入浪漫主义的阵营。然而柏克却又十分激烈地攻击卢梭,这是因为他们的阶级地位与立场不同。卢梭在当时的社会中属于边缘人物(outsider),是站在中下层阶级的立场上,而柏克则是站在上层社会、有产阶级的立场上。尽管他终其一生都未能跻身于贵族阶层,并因此未能进入英国政府的内阁,但柏克对那样的地位和境界可以说是虽不能至却心向往之,这与卢梭甘心做一个边缘人物是完全不同的。正如麦克弗森所说,柏克既要捍卫传统的等级制的政治与社会秩序,又坚信资本主义经济制度的正当性和必要性。在柏克眼中,功利与自然法是一致的,因为英国资本主义的经济制度需

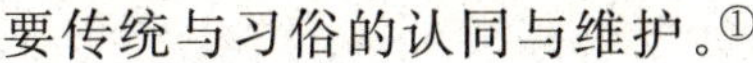

要传统与习俗的认同与维护。①

如上所述，维护上层阶级的财产权，是柏克关切的焦点。他之所以拥护英国革命和美国革命，而又激烈地反对法国大革命，最主要的也是根源于这一点。英国革命和美国革命都着眼于对抗英国王权，从而维护英国和北美殖民地资产阶级和土地所有者的财产权，而柏克却以他极为敏感的政治嗅觉预见到法国大革命最终将危及到上层社会、包括资产阶级的财产权。也正是从这一点，才可以理解柏克对待卢梭那种剑拔弩张、视如寇仇的态度，尽管他们都被称作“浪漫主义者”。

总之，柏克是18世纪英国的一位杰出的政治思想家。他的感觉敏锐，思想深刻，但又充满了矛盾。他的爱尔兰人的出身，以及他外祖父一家人天主教信仰的宗教背景，都使他从幼年、少年时代就对处于被压抑地位的爱尔兰人和天主教徒们产生了深切的同情，而这一点也影响到他后来对北美殖民地和印度人民反抗殖民统治斗争的同情。而他的资产阶级的背景与地位又使得他在强调各种阶层利益的妥协与协调时，往往忽略、甚至是抹杀了上层社会与平民之间经济利益与政治观点的矛盾与冲突，并在实质上否定了下层人民的利益。因此，我们必须在肯定柏克政治思想之价值与借鉴意义的同时，认清其历史与阶级的局限。在这里，任何一种顾此失彼的评价和借鉴都是不正确的。

---

① C. B. Macpherson. *Burke*, Oxford, New York: Oxford University Press, 1991, p. 71.

第三章 柏克的宪政思想

西方自由主义视政府为必要的恶(necessary evil),认为国家政府倾向于侵害个人的权利和自由,正如艾克顿勋爵的名言:权力会导致腐败,绝对的权力导致绝对的腐败。而宪政(constitutional government)则意味着法律至上、宪法至上、"王在法下"。也就是说,宪政意味着宪法是人民意愿和根本利益的制度化表现,而任何人,包括最高的统治者,都必须服从宪法,尊重宪法对其权力的制约。一般认为,英国是近代宪政国家的源头,而英国的1215年《大宪章》是最早的宪法式的文件,最早体现出法律至上、王权有限的宪政精神。英国在1688年"光荣革命"之后,一直实行着通过这场革命确立下来的君主立宪制,遵循着1689年《权利法案》明确下来的议会主权的原则。

柏克对英国既存的宪政制度情有独钟,认为它保证了社会秩序的稳定,促进了国家的繁荣,维护了公民的自由,是最理想的政治制度。在他看来,英国的"天然贵族"代议制是最理想的政体,很好地实现了国家权威与个人自由的平衡。柏克一生秉持法律至上(the supremacy of law)的原则。他宣称,法律是神圣的,政府中任何人的行为都不能依据个人的喜好而定,都要征得人民代表的同意,都要符合宪法的规定,即使是国王也不例外。在柏克看来,英国的宪法已经被历史证明能够很好地保证社会各阶层利益的协调与平衡，即使在社会危机的时期仍保证了社会的有序和对权力的制约。宪法至上的观念已经根深蒂固，也正是在此基础上，英国人民才能享有和平和自由。

一、宪政与传统

英国的宪政制度与英国的普通法（common law）传统是紧密联系在一起的。正因为英国所具有的是一种悠久独特“宪法性的”普通法传统，所以库恩曾指出：“不论是因为不列颠群岛地理上的隔离，或者因为英国民族内在的特质，旧有习惯的保持实不失为英国法发展史上的特点之一。英国人的保守精神，是向来闻名的。”①麦基文认为，英国的普通法诞生于英格兰的社会习俗，所谓习俗即是法律，习俗决定了英国的政治制度。

麦基文把英国这种普通法宪政传统主要成因归结为：

第一，限制专制统治的思想早已形成习俗与传统，因此无须成文的法典保障。他指出：“英格兰，也许是现代欧洲国家中最富宪法精神的国家，但却是惟一没有将其宪法诉诸正式文件的国家。其之所以如此，不是因为像有些法国人说的那样，英格兰没有宪法；而是因为，对专断统治的限制已经根深蒂固于民族传统之中，以至于英格兰并不存在对国民幸福的严重威胁，从而他们根本就没有必要采用正式法典。”②

第二，英格兰传统的坚韧性。麦基文进一步分析了传统习俗对议会等政治机构的制约，指出：“在英格兰，选举权的普及只是当代的事，很多具体措施我们仍记忆犹新，其政治后果尚未充分体现出来。尽管

① ［美］阿瑟·库恩：《英美法原理》，陈朝璧译注，法律出版社2002年版，第10页。

② ［美］C. H. 麦基文：《宪政古今》，翟小波译，贵州人民出版社2004年版，第11～12页。

选民范围连续扩大，下院的成员在很大程度上仍然是贵族性的。只要稍作研究，我们便会发现，贵族传统仍然令人吃惊地支配和限制着议会的行动。这些从古代继承下来的传统仍然像法律禁止性规定一样，有效地制约着议会的行为。只要它们存在一日，就没有必要用法律禁止性规定去限制立法机关，议会全能之法律学说便能安然存在而不受质疑。"①

研究英国政治制度史的著名学者程汉大教授也指出，英国政治制度的发展与演变具有鲜明连续性、渐进性和经验性的特点：

第一，连续性。在英国，新的政治设施总是兴建于旧设施的基础之上。每个时代的政治机构都来自对原有机构的改造。这种世代承袭的传统从未间断或被打乱过。现代英国的主要国家机构和政治制度几乎无一不是从遥远的古代继承下来的历史遗产，在它们的身后都有一条源远流长但清晰可辨的历史轨迹。因此，英国政治制度史犹如一根链条，环环相扣，又如一条长河，川流不息。

第二，渐进性。连续寓于变化之中，英国历史上的每一种机构和制度，无不伴随着时代前进的步伐而发展、变化着，因而不断有某些过时的制度退出历史舞台，也不断有某些新机构、新制度因应着新的形势需要产生出来。不过这些发展变化都是徐缓渐进式的。

第三，经验性。英吉利民族素以崇尚经验、珍视传统、注重实效、不拘泥于教条而著称于世。这一民族文化特质在政治方面就体现为：英国历史上出现的各种政治机构和制度往往不是某一代人依据某种抽象的理论而主观设计的结果，而多是因应着社会历史新的发展变化而自然形成的，后经社会与政治的实践证明其合理性、有效性后，才被社会所接受，为法律所认可。所以，至今英国也没有(也不需要)一部完整的成文宪法，国家政治制度的运作主要依据以经验为基础但已法

---

① [美]C. H. 麦基文：《宪政古今》，翟小波译，贵州人民出版社 2004 年版，第 13～14 页。

律化了的先例、习惯和常规。总之,实践经验是英国政治制度的立身之本和发展之源。①

正是由于英国宪政制度与习俗和传统的这种紧密的关系,柏克指出:“我国的政体是约定俗成的体制,这种政体的唯一权威性在于它的存在源远流长。……你们的国王,你们的贵族,你们的法官,你们的陪审团。不论是大陪审团还是小陪审团,这一切都是约定俗成的。……约定俗成在一切权柄中最坚实,不仅对财产是如此,而且对保障该财产的权利,对政府,也是如此。……它是支持任何既定方案以反对未经考验的计划的根据,一个国家正是以此为根据而长期存在并得到繁荣的。它甚至是一个国家作出抉择的更好的根据,远比通过现实的选举作出突然和暂时的抉择要好得多。因为国家并不是仅仅局限于地方范围的观念,也不是个别的暂时的聚合体;它是一个连续性的观念,既在时间方面持续,也在人数和空间方面延伸。这种抉择不以一时或一部分人为转移,也不是乌合之众的轻浮选择,它是经过若干世纪和若干代人的审慎选择而成的……”②

(一)宪政与“相沿成习”

那么如何理解柏克所说的约定俗成呢?又如何理解他所说的封建时期的自由和权利呢?这方面的一个最典型的标志,就是英国历史上最早的宪法性文件1215年《大宪章》(Magna Carta, 1215)。中世纪时期的英国与同时代的欧洲各国均处于一种封建主义的时代(feudalism)。在这种封建主义制度下,国王和作为封臣的上层贵族,以及作为庄园领主的上层贵族与其家臣(vassals)之间都不是一种单向的绝对服从的关系,而是一种建立在相互依存基础上的双向契约关系,尽管二者不是平等的。领主和封臣分别享有某些明确的权利,同时又分

① 程汉大:《英国政治制度史》,中国社会科学出版社1995年版,第4页。

② 陈志瑞、石斌编:《埃德蒙·伯克读本》,中央编译出版社2006年版,第152页。

别负有某些明确的义务。这些权利和义务存在于习俗之中,但具有充分的法律效力。如果其中一方要求习俗规定之外的权利,或拒不履行自己的义务,则被视为违法行为,对方有权以解除契约关系相对抗。

1066年以后诺曼底的贵族把土地分封制度带进英国。这种制度以契约的形式规定了国王有什么权利,领主有什么义务,且无论哪一方都不仅拥有权利,也要承担相应的义务。国王为了明确他的封建权利,就以律令的形式加以公布,使全体贵族一致承认。基于权利与义务相互的原则,国王也就间接地承认了贵族拥有的权利。每当国王超出封建关系许可范围,即违背了权利与义务的关系时,贵族们就以维护"合法权利"为号召,很容易赢得下层人民的支持,以使国王就范。在贵族与国王的长期抗争中,人们对权利的诉求成为英国自由的源头。也正是由于这种抗争,王权必须受到制衡的思想便逐渐形成。封建关系用律令的形式被固定了下来,法律成了约束王权的武器。人们开始认为,法律不仅是针对臣民的,也应该束缚君主,君主必须依法行事,而法律就是权利与义务的制度的体现。中世纪的"法律至上,王在法下"的观念被延续了下来,而且法律的核心内容——对私人财产权的保障从未被更改过。

中世纪鼎盛时期英国国王与贵族相互之间就是这样一种契约关系(contractual relations)。具体来讲,国王有权要求贵族们效忠自己,提供军事义务,缴纳封建捐税,同时国王也有义务保护贵族们的人身与财产安全,以及通过御前会议与他们协商,征询建议。反过来,贵族们必须效忠国王,履行军事及其他义务,同时也享有出席御前会议,表达意愿及建议的权利。假如国王的要求超出了习惯法的规定,贵族有权拒绝。1197年,理查德一世要求男爵们提供300名骑士远征法国时,曾遭到坚决拒绝。男爵们的态度之所以如此强硬,其原因就在于他们有法定的封建权利作后盾:封主不能要求封臣到国外去服军役。假如国王一意孤行,滥用封主权力,贵族可以摒弃对国王的效忠,甚至诉诸武力，强迫国王遵守封建契约。①

我们前面提到的亨利二世（1154～1189 年在位）是英国的“法制之父”，英国宪政的奠基人之一。他建立了由王室法庭、普通诉讼法庭以及各地的巡回法庭组成的完备的司法系统，并以国王颁发令状的方式，进行了地产、债务等方面的立法，还确立了刑事审判程序，建立了陪审团制度，取消了“神裁法”，代之以重视证据的司法精神。不过亨利二世的后继者试图建立君主专制，于是面对强大王权威胁的贵族们便联合僧侣阶级和新兴的市民阶级与王权抗争。最著名的一次抗争发生在 13 世纪初。它是由约翰王（King John，1199～1216 在位）任意践踏贵族的封建权利而引起的。约翰即位不久，便陷入长期对法战争。为筹措军费，他滥用封主权力，对封臣横征暴敛，激起男爵们的强烈不满。约翰王还疯狂迫害教士，迫使部分主教、修道院长逃亡国外，然后侵吞其财产。为搜刮金钱，约翰对城市市民同样不择手段。他漫无限制地征收各种苛捐杂税，并经常以没收城市特许状相要挟，进行敲诈勒索。所以最终僧侣阶级和市民阶层也奋起反抗国王暴政，加入了反对约翰王的斗争的行列。这样，贵族、僧侣以及市民阶级联合起来，打败了王室，迫使约翰王订立城下之盟，签署了英国历史上第一个宪法式的文件，即 1215 年《大宪章》。

《大宪章》至少具有下述几方面重要的历史意义：

第一，它宣告了国王无权擅自征税的原则。如宪章第 3～5 条规定，对未成年继承人权利加以保护。国王委托的监护人必须妥善管理封土遗产，不得滥征人力物力，等继承人成年后，应将全部遗产交付继承人，国王不得收取继承税或产业转移税。该原则后来成为议会征税权的法律依据。

第二，它明确阐述了保护个人权利和自由的原则。宪章规定，任

---

① 程汉大：《英国政治制度史》，中国社会科学出版社 1995 年版，第 76 页。

何自由人，如未经陪审团依法判决，皆不得被逮捕、监禁、没收财产、流放，或加以任何其他损害。该原则奠定了未来公民权的法律基础。当然，当时规定的权利和自由仅限于封建贵族阶级的权利和自由，并不包括普通人民，更不包括农奴。但是，随着历史的进步，这些原则逐步向社会下层延伸扩散。

第三，它宣告了国民有被协商权的原则。宪章规定在有关征税、立法等条款中，王室都必须与全国人民普遍协商，征得“全国普遍同意”。

第四，它申明了国王应受监督和国民有权合法反抗政府的原则。第 61 条规定，由男爵推举 25 人组成委员会，监督国王及其大臣的行为，保证《大宪章》的执行。如果委员会中有 4 人发现国王有违反《大宪章》的行为，且在 40 天后仍未见改正，4 人应报告给委员会。经委员会同意后，可联合全国人民采取一切手段，强迫国王改正。这一规定预示了未来议会对行政机关的监督职能。

正如钱乘旦所指出的，《大宪章》的影响在于未来。它的历史意义在于：后世人在当时的历史环境中，把它作为一种约定俗成的习惯法加以应用，从而在传统的外壳下对它进行了发展和延伸。所以，在它的大部分具体规则随时间的流逝而失去光泽后，《大宪章》一直作为国王应该遵守法律的象征而矗立着，成为英国“王在法下”君主立宪制传统的永久历史见证。[①]

对于《大宪章》，柏克给予了极大的重视和极高的评价。他写道：“我们最古老的改革就是《大宪章》那场改革。您将看到，从我们法律的那位伟大的先驱者爱德华·柯克爵士以及确实继他之后的所有伟大的人物，下迄布莱克斯通(Sir William Blackstone，1723～1780，英国最高法院出庭律师，以《英格兰法律诠释》一书闻名)，都在孜孜以求地

① 参见钱乘旦、许洁明：《英国通史》，上海社会科学出版社 2002 年版，第 61 页。

要证明我们自由的渊源。他们力图证明约翰王的大宪章这份古老的宪章是与另一份出自亨利一世(1069～1135,1100～1135在位,诺曼王朝英国国王)的成文宪章有联系的,而且这两份文件都只不过是重申这个王国更加古老的现成法律而已。就事实而论,这些作家看来大部分都是对的,虽说或许并非总是对的;但是假如说法学家们在某些具体问题上错了的话,那就更加强有力地证明了我的立场;因为它指明了我们的全体法学家们和立法者们以及他们所希望影响的全体人民,一直都充满着对于往古那种极其强烈的关怀的心灵,还有这个王国把他们最神圣的权利和公民权当作是一种遗产的那种稳定的政策。”①

从1215年《大宪章》制定以来,英国经历了专制王权与国会之间的反复斗争与较量,到1688年“光荣革命”取得了胜利,最终国会战胜了王权,宪政战胜了专制。“光荣革命”是英国历史的转折点,从表面上看似乎一切都没有变,只是换了国王,然而新的国王威廉三世的王权是由议会给予的,这就把近百年来悬而未决的主权问题解决了;既然议会造就了新的国王,主权就自然属于议会。“为解决这个问题,英国纷争了近一个世纪,其间有大规模的动荡,有战争,有革命;但最终解决问题的却是不流血的手段,这对后来的历史产生了巨大的影响。光荣革命建立了英国的君主立宪制,最高权力从国王一个人手里转交到贵族一批人手里。光荣革命改变了英国的政体,这就是光荣革命的意义。”②

“光荣革命”确立了议会主权原则和君主立宪制度。然而“光荣革命”所建立的新的制度是否还需要进一步变革?这成了保守主义与激进主义间明确的界限。“光荣革命”的发动者辉格党人认为英国已建立起最理想的政治制度,因此任何变革都只会破坏这个制度。在这种

---

① [英]柏克:《法国革命论》,何兆武等译,商务印书馆1998年版,第41～42页。

② 参见钱乘旦、许洁明:《英国通史》,上海社会科学出版社2002年版,第185～186页。

情绪笼罩下，英国进入一个全面保守的时期，不仅托利党保守，辉格党也流于保守。"光荣革命"后辉格党人在很长一段时间中掌权，他们不想对现存制度作任何变动。这个制度最坚定的辩护士，前有法学家布莱克斯通，后有柏克。

布莱克斯通在他的《英国法律评注》中指出："英国政府的真正长处确实就在于此，其中所有部分都彼此制约。在立法机构中，人民制约贵族，贵族也制约人民，相互都有拒绝另一方已决定之事的特权，而国王则制约双方，以保证行政权力不受侵犯。但这同一个行政权又由两院限制在一定的范围内……这样我国公务制度的每一分支都相互支持，又相互调节，两院自然向利益相对的两个方向发展，王权则不同于双方而向另一个方向发展。它们相互牵制，不让超出其适当的限度；同时，王位的混合性质又把这整个机体人为地粘合在一起而不使之分散。这王位正是立法机构之一部分，是唯一的行政长官。正如机械中的三个分力，它们结合起来推动政府这部机器，把它向无论其中哪一部分单独行动都不可能达到的方向推进；但同时这又是个共同的方向，它形成于它们全体之中，这是个真正代表公众的自由和幸福之路线的方向。"布莱克斯通还说："这种政治或公民自由的观念与实践在我们这些王国(指英格兰和苏格兰)繁荣昌盛、最充满活力，它几乎就是完美无缺，只有其拥有者的愚蠢与过失才可能丢失或摧毁它……"[①]他这里的潜台词是反对对于"光荣革命"后所形成的英国政治体制进行不负责任的任意改变。

柏克继承和发扬了布莱克斯通的保守主义传统，并把它推向极致。他在《反思录》一书中，把矛头指向赞美法国大革命，及把"光荣革命"视为一场政治制度上的根本变革的激进主义者如普赖斯等人(Richard Price，1723～1791，激进主义的哲学家、牧师)。他指出，"光

① 钱乘旦、陈晓律：《英国文化模式溯源》，上海社会科学院出版社2003年版，第130～131页。

荣革命”尽管打破了继承的常规，拥立了一位新的君主，但它不是一次根本性的政治制度的变革，而是对英国中世纪自由传统（feudal liberties）的重新确认与发扬。他说：“从《大宪章》到《权利宣言》，我们制度的一贯政策就是在追求和维护自由的时候，把自由看作是来自祖先又将传诸后代的法定遗产，看作是一笔特定的属于我国人民的财富，而与其他任何更普遍或更崇高的权力毫不相干。正因为如此，我们的制度可以在千差万别中维护团结：我们有世袭的王位，有世袭的贵族，也有从祖先万世那里继承了特权、选举权和自由的下院和人民。”①

柏克十分赞赏英国的宪政传统，认为它是世界上政治制度的精粹和楷模。那么这种被柏克视为优秀的宪政传统是怎样形成的？它的权威与合法性又是来自哪里呢？英国并没有一部自称宪法的文件，其宪法性法律是在漫长的历史发展过程中，由不同时期颁布的成文法与在政治和法律实践中形成的宪法惯例逐步地积累、逐步地融合而成。从 1215 年《大宪章》到 1689 年英国《权利宣言》，英国形成了一个绵延不断的以不成文法为特征、尊重习俗和惯例的传统。正是出于这个原因，柏克指出，英国的宪政制度不是像启蒙思想家所说的来源于天赋人权和抽象的理性设计，而是形成于英国悠久的历史和习俗。他认为，英国的政体是约定俗成的体制；这种体制的合法性与权威性就来自它的存在源远流长，来自“约定俗成”或“相沿成习”，是由特定的环境、条件、性格、气质以及人民的道德、民俗和社会习惯所决定，是经过若干世纪和若干代人的审慎选择而成的。

“约定俗成”这个概念译自英文“prescription”。这个概念亦可译为“相沿成习”，是柏克从罗马法中借来的。在罗马法中，如一块土地，某人原本没有地契，但可以通过长期持续的耕种，获得该土地的产权。柏克把这个概念引入其政治哲学，把这个私法原则用于公法领域，既

① 陈志瑞、石斌编：《埃德蒙·伯克读本》，中央编译出版社 2006 年版，第152 页。

用来解释财产权利，又用传统与习俗来解释政治制度的形成与合法性。

柏克认为，英国最古老的改革是《大宪章》改革，从英国法律的伟大代言人爱德华·柯克爵士开始，其后的追随者们直到布莱克斯通，都一直在孜孜以求地要确认和维护他们的自由传统。他说："实际上，这些立法者在大多数方面，看起来都是正确的，或许并非都是正确，但是如果这些律师在某些细节上有错误，那便更强有力地证实了我的观点，因为这显示了满装于我们律师和立法者头脑中的，以及这些人希望影响的全体人民头脑中的对古制的强烈偏爱，显示了这个王国将种种极其神圣的权利和公民的权利视为遗产的一贯政策。"①

柏克之所以重视传统，原因之一就是他把法律与政治制度视为人类社会自然发展的结果，而不是孤立的任何一代人理性设计的产物。霍布斯、洛克和卢梭等启蒙思想家同时又都是社会契约论者。他们认为人类政治社会的形成和国家政府的建立是出于特定时代人们理性的选择。然而柏克不把人类政治社会的形成看作一次理性选择的产物，可以由缔结者的心血来潮而加以解除的。他强调习俗、传统、情感等非理性因素在人类政治社会形成与发展中的作用。他认为人们应当怀着一种崇敬之情来看待国家，因为"它乃是一切科学的一种合伙关系，一切艺术的一种合伙关系，一切道德的和一切完美性的合伙关系。由于这样一种合伙关系的目的无法在许多代人中间达到，所以国家就变成了不仅仅是活着的人之间的合伙关系，而且也是活着的人、已经死了的人和将会出世的人们之间的一种合伙关系。每一个特定国家的每一项契约，都只是永恒社会的伟大初始契约中的一款，遵循着约束一切物理界和一切道德界各安其位的那项不可违背的誓言所

① [英]埃德蒙·柏克：《自由与传统：柏克政治论文选》，蒋庆、王瑞昌、王天成译，商务印书馆2001年版，第34页。

裁定的固定了的约定”[1]。柏克说:“从《大宪章》到《权利宣言》,我们宪法的一贯政策都是要申明并肯定,我们的自由乃是我们得自我们祖辈的一项遗产,而且是要传给我们的后代的,那是一项专属本王国人民的产业,不管任何其他更普遍或更优先的权利都是些什么。我们的宪法就以这种办法而在其各个部分之如此巨大的分歧性之中保持了一种统一性。我们有一个世袭的王位,一种世袭的贵族制,以及从一个漫长的祖先系列那里继承特权、公民权和自由权的下院和人民。……此外,英格兰的人民很懂得世袭的观念提供了一条确凿的保守原则和一条确凿的传递原则,而又一点也不排除一条改进的原则。……根据一项按照自然的模式而运作的宪法政策,我们就接受了,我们就掌握了,我们就传递了我们政府和我们的特权,其方式正如我们享受并传递我们的财产和我们的生命一样。”[2]

柏克认为,英国人具有一个特点,那就是他们不以抽象的原则和理论来解释政治与社会制度的生成与发展,而是根据既成的规范与原则的体系,这就是所谓的“普通法”。换言之,英国社会的规范与精神等同于普通法的规范与精神。所以当英国人伸张他们的权利时,更多地不是诉诸抽象的原则,而是诉诸他们的历史和传统,包括习俗与传统的观念。英国人的主流并非像洛克那样以抽象的契约来论证自由与权利,而是以一个古代的宪法来论证人们所拥有的权利,并以更古老的历史来论证那个古代的宪法本身。这就是柏克所说的约定俗成或相沿成习。柏克进而指出:“我们的政治体系是被置于与世界秩序、并与一个由各个短暂部分组成的永恒体所注定的生存方式恰好相符合并且相对称的状态;在这里,由于一种巨大智慧的安排,人类的伟大神秘的结合一旦铸成为一个整体,它便永远既无老年,也无中年或青年,而是处于一种不变的永恒状态,经历着永远的衰落、沦亡、新生与

① [英]柏克:《法国革命论》,何兆武等译,商务印书馆1998年版,第129页。
② [英]柏克:《法国革命论》,何兆武等译,商务印书馆1998年版,第43~44页。

进步的不同进程在前进着。因而，在国家的行为中，在我们所改进的事物中，由于保持着自然的方法，我们就永远都不是全新的；在我们所保存的事物之中，我们永远也不会过时。”①这使人联想到我国京剧艺术大师马连良在谈到艺术的传统与创新之间的辩证关系时所说的，新不是全新，旧不是全旧，孕育化合，提纯升华。这也就是说，新事物不是在与旧事物截然断裂的情况下产生的，而是在旧事物的母体中孕育，并汲取旧事物体内的营养、精华，再化合升华，产生质变，最终成为新的事物。柏克所讲的，也正是这个意思。

综上所述，在柏克看来，法律与政治制度的本质就是相沿成习(immemorial usage)。而习俗即是法律，普通法即是普通的习俗。这个历史与逻辑相统一的过程表现为：第一，人们的行为、行动经过实践与经验的检验被证明是好的、有益于人民与社会的，并且被世代人们的经历与实践反复地证明，便逐渐地形成习惯，并被认同为法律，成为普通法。第二，人们上述行为与行动实质上是对经验的反映，而对于它的“善”与有益性质的验证不过是一种进一步的经验。也就是说，法律与政治制度来自传统和习俗，而传统和习俗则不断地适应着经验与实践，并为之改变。上溯到16世纪，甚至是更早的时代，上述的这种思维便深深地植根于英国人关于法律的观念之中，并且深深地影响着人们关于政治与社会的观念。

正因为特别强调政体的历史传统性质，所以柏克认为，政体以及社会一般的传统应成为类似宗教信仰那种被尊奉的对象，因为这是维护一个社会的秩序、生存和发展的不可或缺的基础与保证。在他看来，现存的制度之所以能顺利运转，就是因为它已世代为人们所习惯、所熟悉，并为人们所崇尊，已经成为人们心灵深处、下意识中心甘情愿接受并赞同的东西。任何新的制度，无论它多么合乎逻辑，除非它累

① [英]柏克：《法国革命论》，何兆武等译，商务印书馆1998年版，第41～44页。

积了类似程度的习惯和感情,否则它就不能够被接受和认同。如果人们失去了对传统思想、习俗、原则及规范的尊重和敬畏,他们将在欲望和冲动的驱策下恣意妄为、以强凌弱、骄纵横行,那么将会出现“礼崩乐坏”的乱象,甚至造成社会的解体。

(二)以经济改革限制王权

柏克的宪政思想源自英国自身的宪政传统。然而,他不是一位书斋中的学者。作为一位英国辉格党的政治家,他关于宪政的论述又同时是他所生活其中的时代的产物,是他因应了现实政治斗争的迫切需要而阐发出来的。那么他的时代和现实政治斗争的要求又是怎样的呢?

从 1603 年伊丽莎白女王去世,詹姆斯一世即位,到 1688 年“光荣革命”,这 80 多年的时间里,英国经历了专制王权与辉格党人领导的国会之间的反复斗争与较量,最终国会战胜了王权,宪政战胜了专制。在其后的汉诺威王朝的统治中,王权逐步衰落,国会的地位不断得到提升。历史走到了柏克的时代,走到了英王乔治三世的时代。乔治三世是英明强干的乔治二世(英格兰国王,1683～1760)的孙子。他温文尔雅,责任心强,而且雄心勃勃。他的母亲是德意志一个专制小朝廷的公主,常常教导儿子要做有名有实的真正的国王。深受母亲影响的乔治三世在 1760 年继承王位。他不愿在国家政治生活中扮演傀儡的角色,决心重振王权,做一个真正享有实权的国王。他利用自己国王的地位和影响培植亲信,用封官许愿、收买贿赂的方法在议会中造成一个“国王之友”派,然后利用这个王党集团去打击辉格党人,削弱辉格党人的势力。经过一番权谋,乔治三世在 1770 年起用诺思勋爵,组成清一色的“国王之友”政府,辉格党被完全抛在一边。诺思政府仰乔治三世之鼻息,对内伸张国王个人的权力,对外激化与殖民地的矛盾,北美独立战争就是在这个政府的高压政策下爆发的,结果造成英国内外危机重重。诺思政府建立后,乔治三世在政策制定及大臣任免中从未遭到议会的反对。每一个议员都倒向了宫廷一边,对宫廷的一切要求都投票赞成。议会对国王的制衡作用几乎荡然无存,乔治三世的个人专制统治达到了顶点。

乔治三世利用手中控制的官职、爵位、年金广泛收买议员,甚至亲自充当选举代理人,拉选票,成功地争取到议会多数。据统计,1780 年时,在下院 658 名议员中,有 487 人实际上不是选举产生而是由个人指定的。所以,乔治三世的个人专制统治在某种意义上说也是腐败的议会选举制度的产物。当时的英国社会面对着这种王权的扩张和政府的腐败,出现了两种要求变革的主张。一种是激进主义的主张。激进主义者的代表人物是理查德·普赖斯和托马斯·潘恩。在 1789 年"光荣革命"纪念日时,普赖斯应邀去参加"光荣革命纪念协会"的庆祝活动,并在演说中提出,"光荣革命"最重要的遗产是人民有权选择自己的政府,并可以随时撤换它。一种是辉格党人的主张,其代表人物便是柏克。他发表《法国革命论》一书,指出"光荣革命"的本质不是对英国政体进行根本性的重塑,而是对英国在中世纪封建时期人们所享有的自由与权利(feudal liberties)的确认和重申,并在此基础上进行一种合乎时宜的改革。

柏克的论点引起另一位激进主义的代表人物潘恩投入论战。他发表了长篇政论文章《人权》,对柏克的观点进行反击。潘恩对英国的政治制度进行了激烈的批判。他认为,君主专制不是一种好的政治制度,它不但不能消除人世间的丑恶,给人民带来幸福,反而给人类招致苦难,把整个世界投入血与火的深渊。他指出,英国的立宪君主制度也不是一种真正自由的政治制度。在他看来,英国人之所以认为他们的制度是自由的,是针对下议院所发挥的作用而言的,然而国王和上议院却体现出君主政体和贵族政体腐败与暴虐的本质。他认为,英国人民想通过下议院限制国王的权力,不过是对"专制君主政体关门下锁",但又"让国王掌握了钥匙",这是极为愚蠢的。他指出,在当时的英国，国王才是宸衷独断、决定一切的。在君主制度下，一个人的地位高于其他人，完全违反了人的自然平等权利的原则。同时，国王深居宫院，无从了解社会与民情，然而国家却授权他对那些关系国计民生的重大问题作出决策，实在是荒谬至极。结果在现实中，一个国王所能做的事情往往不外乎是穷兵黩武和卖官鬻爵，使国家和人民陷于贫穷和战乱的苦难之中。

潘恩还进一步指出，先辈们不能决定现存社会的政治制度，决定何种政治制度是每个人的"天赋人权"。英国人应该为保卫此种权利而战斗到底。潘恩进而推论说，劳动者之所以普遍贫穷，正是由于他们被剥夺了这个政治权利。因此，只有恢复人民的权利，他们才能从贫穷中解脱出来。这样一来，潘恩就把改革政治制度与解决劳动人民的贫穷问题联系起来了。劳动人民从潘恩的论点中受到鼓舞，认识到他们应参与政治活动，争取自己的权利，通过改革建立人民的政权，进而改变贫穷的命运。如此一来，潘恩的思想在下层人民中广泛传播，成为日后几十年中工人激进主义的理论基础。正是在这种情形下，本来与潘恩素有交往的柏克加入了论战，成为潘恩的对立面。柏克的基本立场是：一方面要限制王权的扩张和解决政府腐败的问题，另一方面又要竭力避免激进主义者所主张的那种根本的、激烈的社会与政治变革。

在这种情势下，柏克于1770年4月发表了他的第一部重要政论：《对当前不满原因的若干思考》。而这篇论文产生的直接背景是"威尔克斯事件"。1763年，议员约翰·威尔克斯在他主办的《北方不列颠人》报上发表文章，抨击、诽谤国王和政府的政策，因而受到了指控，下院在国王指使下经过表决将他逐出了议会。1768年，威尔克斯流亡法国归来，谋求再次当选。他在激进的米德尔塞克斯郡先后3次当选，但是3次都在国王的操纵下被议会除名。这一事件进一步凸显出国王对议会的影响和控制，表明乔治三世通过赏赐和贿赂等手段腐蚀了国会,损害了议会下院的代表性和独立性,危及到议会主权的宪政原则。

在《对当前不满原因的若干思考》这篇文章中,柏克指出,国家已经陷于前所未有的混乱无序之中,而原因则在于,国王不是尊重议会、通过议会的下院来统治,而是蓄意扩张自己的权力,并通过贿赂和赏赐来控制议会的领导人,以及通过破坏和离间议员之间、议员和选民之间的关系而使议会失去其独立自主性,从而越来越依附于王权。

柏克赞同"光荣革命"对王权的打击与削弱,认为它剥夺了国王的许多特权,建立了不同权力之间的制约与平衡,取得了伟大的成就。可是而今国王及其党羽们却要极力打破这种制约与平衡,运用乔治三世私人的贿赂和腐蚀来获得没有限制的、不可控制的广泛影响和权力。一旦国王和一些推波助澜的廷臣的这种做法得逞,宪政平衡以及合乎法律与理性的政治生活会遭到全面的破坏,就有可能重新出现不受约束的专制统治,加之腐败蔓延,整个国家和社会将陷于混乱和动荡之中。

柏克指出,在"光荣革命"时期,由于这场革命本身的目的,王权被极大地削弱,以致无力应对一个新的、不稳定的政府所面临的诸多困难。因此,国王便将权力授予那些忠于王室的人,以图赢得他们的支持。这种努力在最初是为行政所必要的。然而,久而久之,国王拥有的权力便不断增大,专制的倾向也不断增强。在柏克看来,像乔治三世那样一个反对宪政的君主,必然总是希望人民的一切权利完全依附于下院,同时下院完全依附于他个人。国王的权力,作为几乎已经死亡和腐烂的君主的特权,已经以影响力的名义重新生长,力量比原来大得多,引起的厌恶却少得多。这种影响力悄无声息、毫不费力地发生作用。这就造成了这样一种腐败堕落的情形:"在王室这一边,有一切荣誉、职位、报酬,一切使人的贪婪和虚荣得到满足的东西,还有,对大多数先生们来说更重要的是,通过获得无数细小的个人好处,可以逐渐在国内拥有更广泛的利益。另一方面,假设一个人与王室毫无瓜葛,并且反对王室体制,就他自己而言,将会既无职位,也无薪水,更无头衔;他的子女、兄弟或者亲属,也没有在教会、陆军或海军获得提升的机会。"①

在王权的收买与贿赂面前,国会的议员们被腐蚀,他们的人格被扭曲,原则被出卖,以致王室的任何图谋都可以得逞,专制政权的目标得以实现。一切事情都得按照君主的偏爱和喜好来办。所以柏克愤怒地指责道:"君主的偏爱是权力的唯一进阶,也是拥有权力的唯一条件。于是人们不再指望别人,每个人的目光都转向国王,支配着每个人的这个唯一的动机,最终必将决定他们的行为,直到最后,个个变得奴颜婢膝,任何形同虚设的法律制度都被弃之不顾。"②

不过在这种情况下,柏克仍然不主张对英国当时的君主立宪政体实行根本性的变革。他说:"我决不会主张随心所欲地进行改革,也不想改变任何已成定局的事态,也不想任何个人的财产和职位、利益或地位受到丝毫影响。所谓随心所欲的方式,我指的是那种在个人的立场、爱好或情感支配下的做法。这些人的尺度不等于财政部的标准,也不等于神殿的天平。普遍的原则绝不能为个人的兴趣或者异想天开所败坏。我决心根据那些原则行事。"③他又说,对于英国的君主立宪政体,"我对它怀有那种年轻医生在治疗自己父母的疾病时的敬畏心情。我们的政府机构存在着混乱和毛病。不改变机体上的混乱状态,一切节俭开支并使其有条不紊的努力都是徒劳的。这种体制与节俭的目标非但不合适,而且还是完全矛盾的,它不但本身有挥霍浪费的性质,而且还会导致与之相关的其它浪费行为"④。柏克这句"怀有

① 陈志瑞、石斌编:《埃德蒙·伯克读本》,中央编译出版社 2006 年版,第 60 页。

② 陈志瑞、石斌编:《埃德蒙·伯克读本》,中央编译出版社 2006 年版,第 51 页。

③ 陈志瑞、石斌编:《埃德蒙·伯克读本》,中央编译出版社 2006 年版,第 105 页。

④ 陈志瑞、石斌编:《埃德蒙·伯克读本》,中央编译出版社 2006 年版,第 108 页。

那种年轻医生在治疗自己父母的疾病时的敬畏心情”，极好地表达了他对英国君主立宪制度的基本立场和微妙心理。是的，他对这个制度在根本上是肯定的，甚至是敬畏的，而对这个制度的腐败和弊端，他又是痛心疾首、必欲除之而后快的，就像对自己父母的病症一样。

他认为，在英国的政治体制内唯一应该实行的宪政政策，是在辉格党派贵族领导下进行一场经济改革，借以一方面消除政府的腐败，一方面抑制在各个方面不断扩张的王权。在他看来，激进主义的政治变革会威胁到英国宪政的根本性原则，而经济领域的改革则不会导致这样的危险。① 要控制国王不断增大的影响和权力，最重要的途径是控制王室的年俸。柏克认为，当时的议会已经逐渐丧失了对王室开销的控制，才使国王有能力控制下院，企图重新建立专制统治。柏克指出，英国王室的开支不仅是一个经济问题，更是一个关乎宪政大计的政治问题。② 由于国王以及当时的英国诺斯政府顽固地推行对北美殖民地的战争政策，并且一再地遭受挫败，同时由于北美战争造成的高额征税引起了地主贵族的强烈不满，这种种原因也进一步促使柏克推动经济改革。1780 年 2 月，他向议会呈交了经济改革计划，并就计划发表了长篇演讲，其全名为“关于向下院提交确保议会独立性和民事以及其他机构经济改革计划的演讲”。柏克在演讲中所提到的经济改革的主张共有七点，而当中最为重要的有以下四点：

第一，凡是只能带来更多的开支事项，提供更多压制别人的诱惑，提供更多的腐败影响的手段和工具，而不是有利于公正或明智管理的管辖权，都应当予以废除。

第二，凡是更多地被用来为难、恐吓和左右那些受其制约的人，为

---

① O' Gorman. *Edmund Burke: His Political Philosophy*. Bloomington & London: Indiana University Press, 1973, p. 58.

② 参见陈志瑞：《保守与自由——埃德蒙·伯克的政治思想》，《世界历史》1997 年第 5 期。

其侵占和经营大开方便之门,而不利于国家岁入收益的公共地产,应当按照税收和自主的每一条原则,全部予以出售。

第三,凡是导致政府更多的开支而不是带来相应的利益的机构,都应该取消。凡是与其他部门交叉重叠而使得彼此的职能互相牵扯或者过于简单化的机构,都应该合并。

第四,凡是有碍财政总监的工作,使他无法进行监督,无法预料和提供可能需要的开支,无法预先防止不必要的开支,检查经费的使用情况或者确保资金的正当用途的机构,都应当取消。因为作为一名大臣,在财政总监一无所知的情况下其下属机构就可以将钱花掉,他是绝对搞不清楚哪些地方该花钱,哪些地方可以省钱的。①

柏克指出,他所提出的经济改革计划首先是打击浪费和腐败,而这样做的唯一目的是维护"政府健全的宪法活力,议会的荣誉和独立,以及人民的普遍利益"②。他还明确表示他主张的经济改革在根本上是为政治服务的:"经济是经济改革者的一个焦点,但只作为第二位的目标;他们的首要目标是由廷臣、廷臣候选人以及王室本身所发挥的影响。"③"我的目标是通过削弱那种影响的大部分,给予政府以真正的力量和活力……所幸实现这个伟大目标的必要办法是大力省钱,它本身就是很有必要达到的目标,而且日渐重要。……不把自由的独立给予议会,国家的每种改革尝试都势必流产。"④

柏克的经济改革计划关键是要改革与限制王室的支出,削弱国王

---

① 参见陈志瑞、石斌编:《埃德蒙·伯克读本》,中央编译出版社 2006 年版,第 106 页。

② 陈志瑞:《保守与自由——埃德蒙·伯克的政治思想》,《世界历史》1997 年第 5 期。

③ Stanley Ayling. *Edmund Burke—His Life and Opinions*. London: Cassell and Company Ltd, 1990, p. 104.

④ 陈志瑞:《保守与自由——埃德蒙·伯克的政治思想》,《世界历史》1997 年第 5 期。

的政治影响。但是作为辉格党的代言人及贵族制度的拥护者，柏克强调政治上的稳定和秩序，他并不主张把一切闲职统统革除。他指出，有些政府职位的设置尽管有利于王室，但它们的存在是合乎法律规定、受到法律保护的，因而不宜废除，因为改革不应牺牲法律的原则。他对国王的侍臣也持一种宽容的态度，尽管这些侍臣有尸位素餐之嫌。在谈及这一点时，他说："先生们，在解释我为什么只想裁减一些职位、或者降低它们的收入的同时，也许有必要谈一谈我们政府里那些显然没有任何用处的职位，我指的是这样一些官员，从他们的地位来看，不过是国王的随从。如果仅就国家本身而论，或者仅仅考虑这些官员与政府的直接目的之间的关系，我不能不承认，他们毫无用处。然而，在这些制度当中，有许多东西初看起来似乎没有多大价值，然而却能以一种间接的方式给我们带来一些实际的好处。正是经过通盘的考虑，我才决定对于国王周围那些荣誉职位，无论在数量上还是在报酬上，都不作任何缩减。有身份的人自然都喜欢围着宫廷转，有身份的女人更是如此。然而侍奉国王往往多有拘束，如果仅仅是一种义务而没有任何补偿，宫廷很快就会被本国的整个贵族阶层所抛弃。"①

总之，柏克并不反对贵族政治，他反对的是国王和王室运用权力和影响介入当时的政党斗争，削弱下院的独立性，损害议会的主权地位。他主张维护君主立宪政体，并不想从根本上改变国王在英国政体中的地位和作用。他所反对的是国王对权力的滥用和国王权力的过度扩张。19 世纪英国国王逐渐地沦为"统而不治"(reign but not rule)的虚君，而这并非是生活在 18 世纪的柏克所主张的。

二、宪政与政党

柏克认为，要把任何一种政治原则付诸实践都必须有政党的存

---

① 陈志瑞、石斌编:《埃德蒙·伯克读本》，中央编译出版社 2006 年版，第 116 页。

在。英国的政党是在资产阶级同封建王权争夺权力的斗争中产生的。伴随着议会同国王不断争权的斗争,议会内部因对王权态度的不同逐渐形成不同的派别,进而发展出了不同的党派。辉格党和托利党是17世纪末在英国出现的两个正在形成中的政党。1679年,当议会讨论詹姆士公爵(即后来的詹姆士二世)是否有权继承英国王位时,议员们展开了激烈的争论。赞成的人被对方称为"托利",反对的人则被对方称为"辉格"。渐渐地,双方各自以此自称。"光荣革命"后双方的观点都发生了变化,辉格党对君主不再持完全的否定态度,托利党也逐渐改变了坚决拥护专制君主制的立场。久而久之,英国的党派关系趋于和缓,彼此之间也从对抗走向宽容和合作,各党的竞争主要是在宪政轨道和议会制平台上进行。这主要源于两党的相同的阶级属性,即两党均属于贵族大地主阶级。美国学者沃尔克特考证:在18世纪初,7个党派团体及其追随者占去了下院将近一半议席,他们的"赞助人"即领导者都是上院显贵。①

乔治三世的即位使掌权达半个世纪之久的辉格党逐渐失势,王权有扩张的趋势。当时柏克作为辉格党领袖罗金汉姆侯爵的秘书,一再阐明罗金汉姆辉格党寻求保护议会权力免遭王室践踏的原则,以及致力于建立一个由土地贵族领导并向商业和贸易利益开放的政府的目标。在法国大革命爆发之后,柏克又同辉格党内部的激进派代表福克斯公开决裂,写就了《新辉格党人向老辉格党人的呼吁》(Appeal from the New to the Old Whigs,1791)以阐明其反对法国大革命依据的是"光荣革命"确立下来的辉格党的最初原则。他强烈地反对以福克斯为代表的新辉格党所称的一切主权来源于人民并不可分割地属于人民的观点,尤其反对他们想扩展选举权、吸收广大下层社会人民参与政治的主张。当然,在同时他一直坚守1688年"光荣革命"以来的老

① R. Walcott. *English Politics in the Early Eighteenth Century*. Oxford: Oxford University Press, 1956, pp. 198-215.

辉格党人反对暴政、爱好自由、珍视宪政的精神原则。

柏克认为，要有效地制约王权，就必须依靠坚强有力的政党。在谈到组成坚强政党的必要性时，他指出，只有依靠坚强有力的政党，才能够有效地同维护君主专制的腐败势力相抗衡。相反，如果人们“一盘散沙，各行其是，组织涣散，纪律松懈，彼此的联系就不稳固，难以相互商讨，也就无法组织有效的抵抗”①。通过政党，人们得以熟悉彼此的原则，了解彼此的才能，在实践中根据彼此的秉性共同努力来处理政治问题，形成志同道合者之间的信赖、友谊和共同利益，从而能统一地、坚定地开展他们共同的政治事业。“在一定的社会关系之中，个人的力量与全体的份量结合在一起，最无足轻重的人也有他的价值和作用。脱离这个社会联系，最有才能的人对公众也毫无用处。除非受到虚荣心的驱使而头脑发热，没有人会自以为无需别人支持，单凭他个人无条理、无组织的努力，其力量就足以摧毁那些由野心勃勃的公民组成的集团及其精心策划的阴谋。恶人勾结在一块时，好人就必须联合起来，不然就会在一场可耻的争斗中接二连三地成为无人怜悯的牺牲品。”②

在谈到政党的性质与行动准则时，柏克指出，政党是人们联合组织的团体，旨在根据每个成员都同意的某种特定的原则，通过共同努力促进国家利益。他认为，无法想象一个对自己的政治主张深信不疑，或认为这些主张多少有些分量的人，会拒绝采取组成政党这种能够使其政治主张付诸实践的手段。他说，理论哲学家的任务是指出政治的恰当目的，而政治家作为行动哲学家，其任务则是寻求实现这些目的的恰当手段，并有效地运用这些手段。因此，任何高尚的政治团体都会宣称，其首要的目的是采用一切正当的手段，使那些与他们观点一致的人能够处于这样一种地位，即能够运用政府的全部力量和权

① 陈志瑞、石斌编:《埃德蒙·伯克读本》,中央编译出版社 2006 年版,第 70 页。

② 陈志瑞、石斌编:《埃德蒙·伯克读本》,中央编译出版社 2006 年版,第 70 页。

威将他们共同的计划付诸实施。由于这种力量与某些职位有关,他们就有责任争取这些职位。在不排斥他人的同时,在任何问题上他们理应优先为自己的政党着想,并且绝不会出于某些个人的理由,接受别人提供的任何与本党全然无关的权力[①],也不会允许自己在行政或立法机构里受那些没有真诚信仰与原则的政客的指挥、控制或者压制。他认为,这种坦诚的、公正无私的对权力的竞争,遵循的是正直的行为准则,指向的是高尚的目的与理想,完全不同于那种卑鄙自私、追名逐利的行为。作为有高尚理想的政党的成员,他们自身的作风就足以使自己同那些数不胜数的骗子划清界限,后者用一些与人类的惯例格格不入的自我表白欺骗无知的人,然后又激怒了他们,因为即使同普通百姓最起码的朴实正直相比较,这些政客们的欺诈手段也是等而下之、为人们所不齿的。

柏克进一步指出,政党是人们按照某些特定原则组成的集合体,它能够使个人免受情感冲动的影响,进而能够形成"好人联合"("好人"指具有美好品质的人们)。柏克指出,"好人"同意以公众的名义联合起来必须是在符合其真实意愿的诚实原则的基础上的。在他看来,虽然在某种程度上,政治家的原则往往在其公众演讲中或者政党计划中隐去了,但是,任何一个政治家都不可以凌驾于原则之上或毫无原则。柏克希望通过政党的活动消除政治生活中的狭隘、偏执和不公正。[②] 他认为政党应该在危急情况下表现出使自由免于恶的奴役的职责,这是政党的本质,也是维护社会公共利益的要求。

在柏克看来,政党政治可以使那些优秀的人得以依赖政党这个组织发挥其在政府中的作用。政党可以约束个人行为,将其限定在政党

---

① 参见陈志瑞、石斌编:《埃德蒙·伯克读本》,中央编译出版社 2006 年版,第 72 页。

② Harvey C. Mansfield. Jr.. *Statesmanship and Party Government: A Study of Burke and Bolingbroke*. Chicago: University of Chicago Press, Reprint 1965, p. 71.

原则之内,更可以弥补个人能力的局限。政党还可以避免血缘关系的纽带对政治的控制。社会是由家庭组成的,自由社会的国家政府是由以正直诚实的人们组成的政党构成其中坚力量的。而这样的政党对建立在世袭制、社会地位和土地占有基础上的特权阶层的政治权力是一种天然的约束。

三、宪政与贵族制

对柏克而言,贵族是英国宪政形成过程中不可或缺和不可替代的决定性角色,是英国宪政框架的支柱。贵族阶层可以制约国王以及支持国王的那部分人的权力,实现英国统治阶级内部力量的平衡,从而实现国家财富的积累。柏克没有看到当时社会利益的分化进而导致的阶级分化和阶级矛盾,也就没有将贵族阶层视为从国家中分离出来的一个单独的利益集团,更没有讨论哪一个阶级统治会比其他的阶级更好,而是认为国家应由某一个阶层持续统治,这个阶层就是贵族阶层。

英国几乎一直是一个拥有君主的国家,虽然在1649年开始的短暂的共和制时期里没有国王的存在,但是英国的民众却在某种程度上对共和制政府抱有担忧和疑虑,对国王有一种心理上的依赖,把君主视为国家安全与稳定的象征。柏克提到被"光荣革命"推翻的查尔斯二世时曾说:上帝给予我们的这个人没有表现出任何作为一位国王应有的品质,除了友善的脾气和绅士的风度。然而,即使在这样一位国王的统治之下恢复君主立宪制,对我们来说仍然是可取的,甚至是必要的,因为,如果英格兰没有了君主,我们将永远不能享受和平与自由。[①] 可见,柏克虽不认可查尔斯二世作为统治者的素质与品格,但却认为君主的存在对于维护国家与社会的秩序与和平是至关重要的。

---

① 参见[英]沃尔特·白哲特:《英国宪制》,李国庆译,北京大学出版社2005年版,第33页。

与欧洲大陆不同,13、14 世纪以来广泛流行的"凡国王所好即是法律"的格言在英国是行不通的,英国始终未建立起一个一人统治的绝对君主制,因而也就从未有过凌驾于法律之上的绝对王权,而这与议会制的建立是密不可分的。英国的议会制始于 13 世纪的英王约翰(1199～1216)时代。当时,国王为了向小地主征税,命令各郡选举 4 名武士(较低层的土地贵族)参加国王的大议会,这样,出席大议会的不仅有贵族、僧侣,而且增加了武士,这就为议会制的初步形成奠定了基础。1264 年,贵族派领袖西门德·孟采尔战胜了国王,上台摄政。第二年,他为了解决财政困难,重新召开大议会,不仅邀请了贵族、僧侣、武士参加,而且还宣布各市可选举代表参加,从此市民阶级也有权选派代表参加大议会,这就标志着议会制的最终形成。到了 1343 年,由于各等级利益不同,其中僧侣和贵族代表组成了贵族院,武士和市民代表组成了平民院,英国两院制就此形成。1640 年英国革命后,资产阶级始终将平民院作为与国王为首的封建贵族斗争的主要阵地。1688 年"光荣革命"后,议会取得了英国的最高权力——立法权,最终将议会制定的法律纳入普通法的框架中,并依其约束和规范议会的权力。至 18 世纪,英国议会的上、下两院的席位大部分都掌握在贵族阶层的手中。柏克这样描述"天然贵族"(natural aristocracy)统治可能带来的理想社会:繁荣的商业带来的国家财富的稳步增长,一个自由的政体,一个强有力的君主制,一支守纪律的军队,一个得到改革而受到尊敬的教士阶级,一个心平气和而又生气勃勃的贵族集团来引导而不是压制美德。

柏克把那些出身高贵,拥有财产和能力的贵族阶层称为"天然贵族",认为他们能够从公共利益出发,代表人民承担管理国家的重任。那么柏克心目中的"天然贵族"应该具备哪些条件呢?

其一,具有出众的才能。惟其具有出众的才能,他们才得以有效地处理好国家大事,维持社会的长治久安。

其二,出身高贵(high birth)。柏克认为"天然贵族"的成长环境和经历、习惯使他们能够作为统治者管理国家。柏克将人与人之间的不同主要归因于他们的生活环境和习惯导致的差别。"天然贵族"家庭环境、生活状况的优渥使得他们有时间和能力接受良好的教育,养成全面宽广的视野,和同类型人的交往使他们思维灵活,重视荣誉和责任。"这些都是构成我所称的天然贵族的素质,没有他们就没有国家。"①

其三,拥有财产。柏克认为,对人性来说,财产有一种难以抗拒的诱惑力,而有产者则不易于因金钱的诱惑而腐败堕落。因此,作为国家的统治者就必须拥有一定的财产。这既使财产能够得到正当的保护,又能够保证这部分人免受财产的控制,从而能够从国家社会的利益出发来履行自己的责任。他在《感想录》中这样说:"一个国家的代表制如果不体现它的才智和产权,就不算是应有的、适当的代表制。不过,由于才智本性活跃、积极,而产权却呆滞、迟缓、怯懦,后者就必然会受到前者的侵害,除非它不成比例地占据代表制中的优势地位。在巨额财富的积累过程中,它也必须被体现出来,否则就得不到适当的保护。因此,引人妒忌、诱人贪得的巨额财产必须置于安全之地,这样才能在多寡不等的小财产附近形成一道自然屏障。"②柏克深知英国社会财产占有的不平等,因此他认为,"天然贵族"身上那些依靠继承获得的财富、地位和声望会成为他们行使权力的优越条件和有力保障。

综上所述,柏克所主张的宪政在本质上乃是贵族制的宪政。而与此相伴的,是他对民主制度的不信任乃至于反对。他的这种立场在下面这段话中表达得最为充分:"我并不仅仅根据抽象的原则而谴责任何的政府形式。可能会有某些情势使纯粹民主的形式变成为必要的。

① 陈志瑞、石斌编:《埃德蒙·伯克读本》,中央编译出版社 2006 年版,第245 页。
② [英]柏克:《法国革命论》,何兆武等译,商务印书馆 1998 年版,第 140 页。

另有些情势(很少有并且是有一种很特殊的背景)会明确地为人所期待着。我不认为这是法国的或任何其他大国的情况。直到目前为止,我们还没有看到过大规模民主制的前例。古代人对民主制比我们更熟稔。对于那些曾观察过大多数这类宪法并且最理解它们的作者们,我还不是全然没有阅读过,我禁不住要赞同他们的意见:一种绝对的民主制,就像是绝对的君主制一样,都不能算作是政府的合法形式。他们认为那与其说是一种健康的共和政体,还不如说是它的腐化和堕落。如果我没有记错的话,亚里士多德就说过民主制和暴君制有许多惊人的相似之点。关于这一点,我能肯定的是每当一个民主制的政体出现它所往往必定要出现的严重分歧时,公民中的多数便能够对少数施加最残酷的压迫;这种对少数人的压迫会扩大到远为更多的人的身上,而且几乎会比我们所能畏惧的单一的王权统治更加残暴得多。在这样一种群众的迫害之下,每个受害者就处于一种比在其他任何的迫害下都更为可悲的境地。在一个残暴的君主统治下,他们可以得到人们的慰藉和同情以减缓他们创伤的刺痛;他们可以得到人们的称赞,在他们的苦难中激励他们高洁的恒心。但是那些在群众之下遭受到伤害的人却被剥夺了一切外界的安慰。他们似乎是被人类所遗弃,被他们整个同类的阴谋所压垮。"①

柏克的上述观点是有其人性论基础的。他认为人性是热衷于权力的,由于人性有这样的弱点,因此实行民主制度实际上是让人们都放纵自己的欲望去追逐权力,从而导致权力的滥用,甚至导致多数人对少数人的暴政。基于此,柏克并不信任大众行使民主权利、管理国家的能力。"人民是对权威的天然控制,但运用和控制并举是矛盾的、不可能的。"也就是说,在他看来,可以让人民参与一定程度的对权力的制约,但不可以把权力交给人民来行使。

---

① [英]柏克:《法国革命论》,何兆武等译,商务印书馆 1998 年版,第 164 页。

正是出于对人民的不信任，柏克坚决主张代议制（representative government）。柏克活跃于英国政治舞台的年代，正是社会上要求改革下院代表制、加强下层社会人民政治参与的呼声逐渐高涨的年代。柏克对这种改革的要求不仅不热心，而且在一定程度上还持抵制态度。他心目中的代议制政府是一个由少数精英人物所组成的统治阶层领导的政治机构。这些少数的精英阶层，实际上也就是他所说的具有强烈责任感与公共意识、能够代表公共利益、反映公共感情和愿望的"天然贵族"。在他看来，议员并不是以选民为师去向他们学习法律和政治的。他们不是要简单机械地反映和遵循选民的意见，而是要代表选民与整个国家实际的、根本的利益，并按照自己的最佳见解而行事，而不论这些见解是否与选民的意见相一致。[①] 作为人民的代表，这些"天然贵族"具有审慎、自尊的美德以及强烈的法律意识和正义感，长于反躬自省和谨慎行事，并长于对社会政治生活中复杂的人物和事件进行敏锐的观察。因此，柏克认为，这些"不仅是我们自然的统治者，也是我们的自然向导"的"天然贵族"应当担当国家与社会的领导责任。

综上所述，我们可以看到，面对当时王权扩张与政府腐败的严峻现实，柏克主张必要的改革，因为他意识到任何王权势力的扩张，都会损害土地贵族和资产阶级的利益。然而，另一方面，他并不是要对英国政体进行根本性的重塑，而是主张进行一种合乎时宜的改革，从而可以使英国免于当时许多人所力主的激进的根本性的变革。因为在柏克看来，那种激进的根本性的变革也会损害土地贵族和资产阶级的利益。所以他坚决反对改革选举制度，反对让广大下层社会的劳动人民获得选举权。他警告国会下院，改革选举制度会激发下层劳动人民的参政意识和反抗精神。他主张政府的存在应该是为了人民的利益，

① 参见徐大同主编：《西方政治思想史》，天津教育出版社 2000 年版，第 279 页。

但是却反对由人民直接参与管理国家。他认为人民群众既没有制定政治决策所必需的理性与智慧，也没有管理经济的经验，所以政府官员在制定政策的过程中也无须经常地向人民群众征询意见。一言以蔽之，他主张权力属于贵族，而不是人民。

第四章　柏克对英、美、法所发生革命的观点与立场

一、英国 1688 年“光荣革命”

英国历史上的都铎王朝(Tudor dynasty)是在 1485～1603 年统治英格兰王国及其属土的王朝，历时 118 年，始于亨利七世 1485 年入主英格兰、威尔士和爱尔兰，结束于 1603 年伊丽莎白一世的去世。都铎王朝处于英国从封建社会向资本主义社会转型这样一个关键时代，也是王权最鼎盛的时代。但由于英国在中世纪业已形成了自由传统(feudal liberty)，国王的权力仍然受到以下原则的限制：不经议会同意国王不得立法；不经议会同意国王不得征税；国王必须按国家法律掌管行政，如果他违背法律，其谋臣及代办官员应负责任。受到这些原则的制约，国王需要与议会合作，否则其执政的合法性就要受到质疑。这就形成了不同于专制制度的“王在议会”的宪政。

伊丽莎白女王的去世，使都铎王朝的谱系中断，来自苏格兰斯图亚特家族的詹姆士一世继承了英国王位，开始了斯图亚特王朝的统治。他不了解国王的政策都需经过议会认可，反而崇尚“君权神授”，

追求“王在法上”的专制统治。这样，詹姆士一世及其子查理一世与议会的关系日益走向对立，直至决裂，于是酿成1640年的革命，结果王朝被推翻，查理一世被处以死刑。1660年，斯图亚特封建王朝(查理二世)复辟，其推行反动政策，实行血腥报复，严重损害了资产阶级和新贵族的利益，王权与议会之间的关系再度陷于紧张和对立。

与王权与议会之间矛盾和斗争相并行的还有一条主线，那就是新教与天主教之间的斗争。英国的民族国家是在对天主教的斗争过程中建立和巩固起来的，反天主教是英国民族意识的表现形式。而斯图亚特王朝的君主们，从詹姆士一世开始，直到他的孙子、复辟后相继登基的查理二世和詹姆士二世，都对天主教徒十分纵容，从而使英国大众的民族感情严重受挫。

自1685年起，倾向于天主教的詹姆士二世不顾国内的普遍反对，违背了以前政府制定的关于禁止天主教教徒担任公职的规定，委任天主教徒到军队和政府部门担任要职。他的行动不止于此，他不但给予所有非国教徒以信仰自由，还残酷迫害清教徒。特别是他同英国工商业主要竞争者(法国)的亲密关系，危害了英国资产阶级和新贵族的利益。

辉格党人本来寄希望于在詹姆士二世去世后由他信奉新教的女儿玛丽继承王位，可是1688年6月，詹姆士二世信奉天主教的妻子生了个儿子，其女儿玛丽从此与王位绝缘，而这个儿子将来又注定是一个信奉天主教的君主，这是辉格党人所最不愿意看到的。因此，支持议会的辉格党人与部分托利党人决定立即采取行动，把詹姆士二世罢黜。罢黜詹姆士二世之后，由辉格党和托利党7位名人出面邀请詹姆士二世的女儿玛丽及其丈夫，也就是荷兰执政奥兰治亲王威廉入主英国，登上国王和王后的宝座。

1688年11月5日，威廉率领1.5万人的军队在托尔湾登陆，詹姆士二世仓皇出逃，流亡法国。议会重掌大权，1689年1月在伦敦召开的议会全体会议上，宣布詹姆士二世退位，由威廉和玛丽共同统治英国。同时，国会向威廉提出《权利宣言》。《宣言》取消了国王任意颁布法律和征税的权利，并谴责詹姆士二世破坏法律的行为；指出以后国王未经议会同意不能停止任何法律效力；不经议会同意不能征收赋税；大主教徒不能担任国王，国王不能与天主教徒结婚等。《宣言》于当年 10 月经议会正式批准定为法律，即《权利法案》。因为这场革命是一场没有流血的革命，故史称"光荣革命"。至此，代表贵族与市民阶级之英国国会与代表君主专制之英国国王近半个世纪的斗争，以议会的胜利而告结束。

1689 年所颁布的《权利法案》，其中多数条款都是英国人自古就有的权利，比如只有议会才可以征税，臣民可以自由地请愿，议员可以自由发表政见，议会应该定期召开，等等。但将所有这些"权利"用书面形式汇聚于一纸，而且作为代表贵族与市民阶级之英国国会与国王之间的"契约"出现，是具有重大历史意义的。《权利法案》因此成为英国宪政最重要的奠基性文件之一，标志着英国君主立宪制的确立。

"光荣革命"是英国历史的转折点，它建立了英国的君主立宪制，最高权力从国王一个人手里转交到贵族一批人手里。"光荣革命"改变了英国的政体，这就是"光荣革命"的意义。

那么柏克是怎样看待英国 1688 年"光荣革命"的呢？正如我们在前面所指出的，在柏克看来，"光荣革命"尽管打破了继承的常规，拥立了一位新的君主，但它不是一次根本性的政治制度的变革，而是对英国中世纪自由传统的重新确认与发扬。他认为，从 1215 年《大宪章》到 1689 年《权利宣言》，英国政治制度的一贯政策就是在追求和维护自由的时候，把自由看作来自祖先又将传诸后代的法定遗产。正因为如此，这一政治制度拥有了它的合法性。

柏克把法律与政治制度视为人类社会自然发展的结果，而不是孤立的任何一代人理性设计的产物。他认为，人类的权利、自由和政治制度乃是得自于先辈，并要传之于后代的一项遗产。他们传递权利、自由和政治制度，就像传递他们的财产和生命一样。所以，在柏克看来，1688 年“光荣革命”和 1689 年《权利宣言》的颁布，都是合乎自然、顺应天意的。

二、美国革命

美国革命是指在 18 世纪的英国北美殖民地区居民推翻英国宗主国统治，导致北美洲 13 个州的殖民地脱离大英帝国，并且创建了美利坚合众国的革命。美国独立战争(1775～1783)是革命的其中一部分。

(一)激进与保守的双重色彩

英国对北美殖民地的政策是以当时风行的所谓重商主义理论为基础的。重商主义是 16、17 世纪西欧各国流行的代表商业资产阶级利益的经济思想。这一理论的三根支柱是对外贸易、航运业和殖民地。重商主义的经济政策是建筑在对这三者的垄断之上的。当时，英国在这种重商主义经济政策的主导下，大力发展对外贸易垄断，建立航运业垄断，即只允许本国的商船运输队往来于宗主国和殖民地之间，以促进出超的贸易，保证本国所需要的原料供给，增加关税收入，夺取海上霸权。同时建立殖民地垄断，强迫殖民地生产宗主国所需要的各种原料和从事转运贸易的商品，并购买宗主国输出的各种商品，把殖民地完全变成宗主国资本主义经济的附庸。

在重商主义政策的影响下，北美殖民地发展了两种商业资本主义类型的生产：一种是南部的种植园商品作物经济，其出口贸易全部被英国商人垄断。一种是北部的商业资本主义经济，但北部对英贸易经常处于逆差状态。1700～1770 年，英国对北美的出口增长了 6 倍以上。殖民地商业每年给英国商人带来的利润不下 200 万英镑。

英国从土地制度、税收制度、防务、货币、军事等方面加强对北美殖民地的经济掠夺和政治控制。这些措施是在殖民地经济力量日益增长、政治自治日益加强的形势下采取的，侵犯了殖民地各阶层的利益，从而激起殖民地人民的激烈反对。从 1763 年七年战争结束到 1775 年独立战争爆发这 12 年间，英国通过各种方式加强对殖民地的控制，而殖民地人民也以各种方式反对和抵制宗主国的控制措施。英国加强整顿殖民地的新政策，终于导致它在北美殖民地统治的深刻危机。①

美国革命爆发的基本原因是经济的。近代资产阶级革命的爆发常常是以征税问题作为引爆物。17 世纪的英国革命是如此，18 世纪的美国革命也是如此，它是英国力求发展宗主国的商业资本主义与日益成长的北美殖民地商业资本主义之间的矛盾不断激化与尖锐的结果。然而殖民地与宗主国之间冲突与矛盾的表现形式却是政治的，即表现为一种维护宪法权利的斗争。英国虽然在北美进行了一个半世纪的殖民统治，但并未在殖民地建立起强有力的政治与军事的统治机制，除了对外贸易外，殖民地的内部自治权力基本掌握在殖民地人民的手里。

英国企图用新殖民政策弥补这一缺陷，来加强对北美殖民地的控制与剥削。18 世纪著名的英国经济学家查理·达夫南特对北美殖民地经济力量的增长感到深深的恐惧。他写道："殖民地应该管教得循规蹈矩，恪守宗主国的基本法律，并紧紧依靠母国，才能成为母国的一支力量。如果不是这样，它们就比国内敌人更可恶，犹如一支叛离的军队，一旦时机成熟就会转过来反对祖国。"②18 世纪中叶英国政府所奉行的政策，正是企图转变过去的松弛政策而全面加强对殖民地的"管教"，用严格推行贸易和航海法的办法来压制殖民地的成长。这是英帝国殖民政策的一个重大的转变。

---

① 参见罗荣渠：《美国历史通论》，商务印书馆 2009 年版，第 52 页。

② Eric Eustace Williams. *Capitalism and Slavery*. North Carolina: University of North Carolina Press, 1994, p. 55.

但是这一新的殖民政策与北美人民形成了尖锐的对立。宗主国加强征税的经济措施正好触犯了殖民地人民长期享有的政治权利。对资产阶级来说,财产权是天赋人权中最根本的权利,是自由的基础和保障。因此,英国议会向殖民地摊征各种税收,这在北美殖民地人民来看,是对他们财产权的侵犯。过去的征税是商业管理,称之为对外税(关税),而现在征的是对内税,属于地方自治的权限范围之内,那么英国议会有什么权利和依据来征收呢?这样,英国人民在长期历史中形成的权利,“无代表即不纳税”,也就成为殖民地人民反抗斗争的理论武器,而北美殖民地议会就成为反对英国宗主国暴政的政治机制。也就是说,既然根据殖民地特许状保障一切自由英国人的权利,那么殖民地居民纳税的合法对象只能是殖民地议会,而不是英国议会,因为英国议会里并没有殖民地的代表。这样,英国议会曾经用来对付王权、为新兴资产阶级和新贵族争取政治权利的手段,就被殖民地新兴资产阶级借用作反抗的武器。

美国革命的第一枪于 1775 年 4 月 19 日在波士顿郊区列克星敦打响。随即英国北美地区起义者的代表在费城召开代表大会,决定把北美殖民地 13 个地区的起义队伍统一起来,由华盛顿担任革命军总司令。会议一方面积极备战,一方面也呼吁英王乔治三世避免进一步的战争行动,采取和平方式解决争端。英王拒绝了革命议会的呼吁,宣布英国北美殖民地的反抗为叛乱,并开始调动军队围剿革命。会议发表的《为何必须拿起武器的宣言》称:“我们的事业是正义的。我们的联合是完美的。我们的内部资源是丰富的……我们将使用敌人迫使我们拿起的武器来保卫我们的自由,因为我们宁愿作为自由人而捐生,不愿做奴隶而苟存。”①

1776 年 1 月,从英国移居北美的托马斯·潘恩发表了脍炙人口的

---

① Henry Steele Commager. *Documents of American History*. Vol. 1. New York: Oxford University Press, 1973, p. 92.

小册子《常识》,猛烈抨击英王及其暴政,并论证了北美殖民地独立的正当和必要性。他指出,北美人民的面前只有两个选择:要么继续屈服在暴君与陈旧的政府制度之下,要么奋起反抗,实现共和而获得自由与幸福。《常识》共售出10万册,潘恩正义的声音很快传遍了北美。

7月2日,在费城召开的大陆会议通过了关于北美殖民地应成为自由和独立的国家的决议。7月4日,以杰斐逊为首的五人委员会起草的《独立宣言》获得通过。宣言指出:"我们认为这些真理是不言而喻的:所有的人生而平等,造物主赋予他们若干不可剥夺的权利,其中包括生命权、自由权和对幸福的追求的权利。为了保障这些权利,人们才在他们之间建立政府,而政府的正当权力是来自被统治者的同意;任何形式的政府,当它对于这些目的有损害时,人民就有权利改变或废除它,以建立一个新的政府,而新政府所依据的原则和用以组织起权力的方式,必须使人民认为这样才最可能获得其安全和幸福。"此后北美人民继续英勇斗争,最终使这一从英国专制暴政下获得解放的理想变成现实。

美国革命持续了8年。1781年,北美革命军大败英军主力,但是英王并没有罢休,继续调动军队镇压革命军。战争又持续了两年,直到1783年4月15日,在法国巴黎,英王被迫签署了投降协议——《巴黎协议》。根据协议,英王被迫承认了前英国北美13个地区的独立,随后北美13个地区联合建立了美利坚合众国(the United States of America),简称美国。美国革命终于取得了彻底的胜利。

著名的美国史专家罗荣渠指出,北美独立战争最主要的成果是赢得独立,从这个意义上说,它属于殖民地革命的范畴。一个被压迫民族反对民族压迫、争取民族独立的斗争,在不同的历史时代都曾发生过。北美殖民地所受的压迫是近代新兴资产阶级的殖民压迫,就此意义而言,它不是历史上一般反对异族统治的独立战争,而是带有资产阶级革命内容的殖民地独立战争。美国革命充分运用了英国革命中资产阶级利用议会反对封建王权的传统与思想武器，这一点带有鲜明的西方资产阶级革命的性质。它举起独立的大旗，把矛头指向大英帝国殖民统治的权力中心——英国议会与英王，这一点又带有鲜明的民族解放性质。一身而二任焉，这就是美国革命的特点。[①]

美国革命继承和发扬了英国革命中形成的自然权利说、社会契约说和革命权利说，并据此以自下而上的方式组织了崭新的共和制的各州政权和全国政权。这在人类政治实践上是第一次成功的实验。这对主张君权神授的欧洲来说是一种具有革命意义的冲击，并加速了欧洲在美洲建立的殖民体系的瓦解。美国革命的历史意义即在于此。法国大革命也在很大程度上受到美国革命的影响与启迪。美国革命开近代资产阶级革命的先河，给欧洲资产阶级敲响了战斗的警钟。[②]

然而，美国革命同时具有保守与激进的双重色彩。它的激进在于，北美殖民地与欧洲相比，较少封建君主与贵族的压迫，在基层人民中间，民主自治的思想与实践深入人心。其保守的一面是由于殖民地和宗主国具有共同的文化传统，同时北美殖民地遭受英国的殖民压迫相对来说较轻，压迫刚要加紧，矛盾就激化并爆发了革命。

美国著名的历史学家帕尔默(R. R. Palmer)认为，“不是由于北美保守势力的强大，而是由于它的薄弱，使这场革命蒙上了‘保守’的色彩”。独立战争所依据的政治哲学和斗争方式是激进的、革命的，而它的社会内容却是相当保守的。这个特点是由北美阶级斗争的历史特点所决定的。在当时，除黑人奴隶与白人奴隶主之间的矛盾外，北美殖民地的贫富阶级分化尚未达到尖锐对立的时期。革命队伍中的下层民众是推动革命向激进方向发展的主力，但还未曾作为一个独立的阶级来行动。在早期资产阶级革命和东方殖民地革命中，土地问题是要解决的根本问题之一，但这个问题在土地私有制尚处于形成过程中

① 参见罗荣渠：《美国历史通论》，商务印书馆 2009 年版，第 60～61 页。

② 《马克思恩格斯全集》第 23 卷，人民出版社 1995 年版，第 1 页。

的北美只是革命附带解决的问题，而不是中心问题。历史的发展表明，各殖民地不同区域之间的利益冲突和斗争，在很长一个时期内是超过阶级利益的冲突和斗争的。因此，美国革命的温和色彩正是美国阶级斗争温和特征的表现。①

此外，在美国的革命时代，一方面，在北美殖民地的中下层人民中间，民主自治的思想与实践深入人心；另一方面，在革命的领导阶层中间，只有杰斐逊等少数人是主张民主制度的，而亚当斯、汉密尔顿、麦迪逊等主要领导者实际上都主张一种贵族制。也就是说，他们只主张宪政，主张统治机构内部的分权与制衡，但不主张民主，不主张广大下层人民群众对政府官员的监督与制约和对政治决策过程的参与。这也体现了美国革命的保守色彩。而也正是由于美国革命的这种又激进、又保守的双重色彩，才促成了柏克对美国革命的同情与支持。

（二）柏克对美国革命的支持与同情

1. 奉行经济上的“自由放任主义”

柏克同情美国革命首先是因为北美殖民地实行的是经济上的“自由放任主义”。柏克反对英国王室与国会对北美殖民地的剥削与压迫，并对殖民地人民捍卫其财产与自由的英勇斗争寄予了支持和同情。我们在前面提到，英国对北美殖民地的政策是以当时流行的所谓重商主义理论为基础的。重商主义理论的三根支柱是对外贸易、航运业和殖民地。重商主义的经济政策是建筑在对这三者的垄断之上的。当时，英国在这种重商主义经济政策的主导下，大力发展对外贸易垄断，建立航运业垄断，增加关税收入，夺取海上霸权。同时建立殖民地垄断，强迫殖民地生产宗主国所需要的各种原料和从事转运贸易的商品，并购买宗主国输出的各种商品，把殖民地完全变成宗主国资本主义经济的附庸。这种重商主义也是当时英国对北美殖民地的主导性

① R. R. Palmer. *The Age of the Democratic Revolution*. Princeton: Princeton University Press, 1966, p. 235.

经济政策。

直接针对这种重商主义，在18世纪中叶欧洲又兴起了经济上的“自由放任主义”。自由放任主义一词源自法语“laissez-faire”，英语译为“let alone”，意思就是主张政府给予商人以最充分的贸易自由。这种经济思想意在反对政府对贸易的干涉。英国古典政治经济学创始人亚当·斯密在北美宣布独立的同一年(1776年)发表了著名的《国民财富的性质和原因的研究》(简称《国富论》)，从自由贸易的观点出发，反对和抨击英国在北美的重商主义政策，认为垄断制度既束缚了英国的生产力，也束缚了殖民地的生产力，建议英国自动放弃它对殖民地的一切垄断权，以有效地确保自由贸易。亚当·斯密在《国富论》中主张市场规律就像一只看不见的手，将能指引人们借着追逐各自的利益来实现公共的、国家的利益。

“自由放任主义”到了19世纪早期和中期成了自由市场经济学的同义词。自由放任主义反对政府对经济的干涉，并且反对政府征收除了足以维持和平、治安和财产权以外的税赋。这种经济理论主张让自由市场自行其道是更适当而更迅速的方法，认为政府对民间经济如价格、生产、消费、产品分发和服务等的干预越少，将能使经济运作得更好、更有效率。

柏克积极地支持自由放任主义。也正是从这个立场出发，他对北美的革命持一种肯定的态度。柏克认为，资本主义市场是一个自然、必然和公正的市场，自由竞争、自我调节的市场经济是最有效、最理想的经济体制，是宇宙自然秩序的必要组成部分。“这一体制的原动力是积累财富的愿望。其结构是资本雇佣依靠工资为生的劳动力，以便使资本家获得利益。”[①]柏克如此分析资本主义市场经济和资产阶级追求财富的权利：

---

① [加]C. B. 麦克弗森：《柏克》，江原译，中国社会科学出版社1989年版，第94页。

(1) 积累财富的愿望是自然而然的，是每一个国家走向繁荣的原动力。柏克赞美人的贪欲，认为它使得人们追求更大的利益，而这会带来资本的积累和国家的繁荣。“雇主越贪婪，他就会越想增加收入，他就越会对雇工的条件感兴趣，那些雇工的劳动是他获取利益的保障。”①财产的增加源自人们获利的欲望，依赖于人们的勤勉行为。因此，柏克提出，法律应鼓励勤勉，鼓励个人获得利益，进而保护个人财产权。

(2) 为了保证国家财富的积累，就应让资本家占有实际劳动者创造的剩余财富，并应将剩余财富投入再生产。柏克将雇工出卖自己的劳动力以使资本家获得利益视为不证自明的真理。物质资料是人生存的根本保障，财富的积累更是整个国家得以向前发展的基础。资本家应将剩余财富投入生产，这对社会是有好处的。财富积累得愈多，这个国家将愈繁荣。如果资本家将剩余财富分给穷人，每个穷人只能得到一点，这种分配会使财富枯竭。他们作为以工资为生的劳动者，必须把自己的劳动当作商品出卖，来换取人力之外的市场所决定的报酬。那是必然发生的事，因为那是利润的源泉，利润是资本的源泉，而资本维持着这个世界。②

(3) 劳动和其他东西一样，是一种商品，其价值根据需求或涨或落，这是事物的本性。根据这一本性，工资就不应该受到政府的干预，而应由市场决定，即使工资低到不能糊口的地步，政府也不要去干涉，让市场自身决定分配是最公平的分配体制。柏克提出：“劳动力市场就像其他市场那样，受到连国家也不得违犯的自然法的控制，国家若试图把工资提高到市场价值之上，那对以挣工资为生的人来说也毫无

---

① [加]C. B. 麦克弗森：《柏克》，江原译，中国社会科学出版社 1989 年版，第 95 页。

② [加]C. B. 麦克弗森：《柏克》，江原译，中国社会科学出版社 1989 年版，第 98 页。

益处。”[1]政府在经济领域应当放手，不应干涉市场的运行，如若不然就只会破坏市场的秩序，侵犯其有责任保护的财产权。在柏克看来，财产的获得要依靠人们的勤奋劳动，每个人都要依靠其对整个社会生产贡献的多寡来分享社会生产的一份成果。他所说的这种贡献包含了继承而来的资本，并在贡献中占有很大一部分，而由劳动贡献获得的财富要远远低于因资本获得的财富。他认为，社会财富分配不平等具有合理性："在商业伙伴关系中，一个只有5先令的人，对他的这点儿钱所享有的权利，不亚于一个拥有500英镑大额股份的人所享有的权利。但是在分配合股所生利息时，他无权获得同等的红利。至于个人在管理国家事务上应享有多少份额的权利、权威和发言权，对此，我决不认为可以将这种权利视为公共社会中简单的原始人权。因为，我所思考的人乃是文明社会中的人，而非其他状态下的人，这是需要契约来确定的事情。”[2]在柏克的观念中，拥有5先令的人和500英镑的人在"原始契约"确定的权利方面是平等的，但当涉及财富的分配时，这种平等就被因资本而决定财富获得多寡的不平等取代了。作为社会财富的贡献者，作为社会大多数劳动者的穷人只能在国家的整体利益面前牺牲自己的利益以满足资本家的财富积累。如此，"原始契约"下想象中的、抽象的平等就掩盖了现实生活中的事实上的不平等。

柏克将资产阶级的财富积累视为不可侵犯的首要的权利，并倾其一生维护资产阶级财产权。他坚定地支持北美革命，正是出于这样的思考。北美独立战争的爆发正是由于英国政府无视北美人民的利益，在没有北美殖民地代表的情况下强行对其征税，从而损害了英国本土和北美的资产阶级利益而导致的。柏克详述了18世纪初期英国对美

---

① [加]C. B. 麦克弗森：《柏克》，江原译，中国社会科学出版社1989年版，第100页。

② [加]C. B. 麦克弗森：《柏克》，江原译，中国社会科学出版社1989年版，第78页。

洲殖民地不断增加的出口贸易。他一再强调英国与美洲的关系就像母亲和孩子，与殖民地和解除了有益于英国之外，再无其他。然而，英国政府自1764～1775年对待美洲政策的变化，则使双方的关系不断地徘徊在缓和与紧张之间。最终，在北美殖民地的岁入问题上讨论的重心由商业利益原则转向了"主权对自由权的冲突"问题。柏克认为，英国政府对美洲征税的做法是一种专断权力的体现，违背了英国的宪政精神。他更深恐英国和北美在关于岁入问题上不能达成一致，导致战争爆发而使彼此的有产阶级都遭受更大的经济损失，进而破坏资本主义社会秩序。当和解无望时，出于对英国自由宪政精神的维护，出于对英美资产阶级财产权的维护，他坚定地站在了北美殖民地一边。

柏克进而高度赞扬了北美殖民地的资本主义事业和与之相伴随的自由的风貌与精神。他指出，北美人民以资本主义的方式"从事自己的渔业、农业、造船业（以及他所允许的贸易），进步之速，与有天助、却无人助的自然发展的迟缓，真不可以道理计。这资本是他们的温床。他们的发展之快，是前无古人的。至于我本人，则每看到他们那兴旺的商业，文雅而富裕的生活，我总是喟然而叹道：这哪像昨天的殖民地呢，哪像不几年前被遗弃的那一伙倒霉虫呢？当初他们来这荒凉的海岸上，与其说是被派来、毋宁说被扔下的，四周围是无人烟的荒野，与文明的世界，远隔着三千里风涛；这是他们吗？依我看，他们倒像是一个古老的民族啊，——千百年来，得天之佑护，勤苦又事事顺遂，故积累了大量的财富，攀到了盛世的巅峰"①。

他还说，在追求贸易、不谈岁人的年代里，英国所成就的一切也不过如此。北美殖民地除商业受限制之外，在其所有的内部事务中，有着自由政体的每一特征。它有着英国宪法的影子，有着英国宪政的实质。课它以税的，是它自己的代表。官员们，大多由它选择。薪俸也

---

① [英]爱德蒙·柏克著：《美洲三书》，缪哲选译，商务印书馆2003年版，第27页。

都由它支付。实际上,它是独享内部之统治权的。商业上,是彻底受奴役;政治上,则享有自由权。两者加在一起,固然称不上完美的自由;但与人类之通常的状况相比,则也算得上幸福,算得上自由了。

柏克指出,北美人民的这一切商业与生产活动却是在宗主国的盘剥与压迫下进行的。来自宗主国的网太密,法也太严,美洲生活于此下,是难堪其重的。这样严苛的赋税与法律,“若不有所补偿的话,那么人所承受的奴役中,举天之下,是莫此为甚的。但是,这作为贸易体制之基础的《航海条例》,美洲一直忍受到了1764年。为什么?因为生来的体质,虽有这样那样的缺点,却因无可逃避,人们终还是忍受的。美洲尚在襁褓时,《航海条例》即看护着它,并随着美洲的成长而生长,随美洲的强壮而加强。美洲无二心地服从于它,甚至不是迫于法律,而是出于习惯。他们不记得哪一天、哪一年,自己是不受约束于它的”①。

2. 继承了英国宪政与自由的传统

柏克之所以同情与支持美国革命,还在于北美殖民地人民在制度与精神两方面继承了英国的宪政与自由的传统。随着北美殖民地的开辟,英国移民自然将母国的法律传统带到了大西洋彼岸。不仅如此,王室特许状通常会规定:殖民地的法律不得与英国法律相抵触,殖民地人民及其子孙世代享有英国人的权利。这一权利在当时极受殖民地人民珍视,有助于使普通法成为北美殖民地法律的主流和日后各州政治制度及司法体系的源头。

柏克指出:“法律研究的普遍,也许世界上没有一个国家是如此之甚的。这一职业人数很多,且势力颇大;在多数的省中,它都是执牛耳者。派往会议的代表们,曾有很多是律师。而所有识字的人、大多数读书的人,莫不努力从这一门科学里,获取一星半点的知识。一位出色的书商曾告诉我说,过去出口到种植园的书籍里,除流行的宗教册

① [英]爱德蒙·柏克:《美洲三书》,缪哲选译,商务印书馆2003年版,第26页。

子,没有哪个门类能超过法律书籍。而现在,殖民者已掌握了印刷它们的办法,以供自己使用。我还听说,布莱克斯通的《英国法释要》在美洲的售量,几乎与英国的售量同样多。"[①]他又说:"法律的研究,每使人敏锐、善察、机巧,每使人果于杀伐,巧于防御,富于智谋。他国的人,头脑较他们单纯,性格比他们迟钝,只依既成的苦难,论断政治中的病因;而在美洲,他们则依据原则的不良,预见弊端、判断苦难的轻重。他们卜见秕政于千里之外;从每一缕腐臭的微风里,嗅知暴政的来临。"[②]他从中得出的结论是:这样执着于法律权利的人民是不会任由暴政的压迫的。

爱德华·柯克(Sir Edward Coke,1552~1634)是斯图亚特王朝时代的英国法学家和政治人物。1613 年被任命为王座法院首席法官。正如前文所提到的,他是英国宪政传统的积极倡导者和坚决的捍卫者。他的思想与实践对美国革命的领导者们以及北美殖民地的人民产生了非常深远的影响。后来联邦、民主两党的制宪理论无一不以柯克的思想为源头活水。柯克的司法审查观念——既能约束国王、也能约束议会的基本法观念是美国开国领袖们共同信奉的基本前提,这在他们于 1787 年制定的美国宪法中得到了充分的体现。返本溯源,这也是北美殖民地法学教育和实践的产物。美国的第二任总统亚当斯称柯克为"我们青少年时代的启迪者"。美国第三任总统、《独立宣言》的作者杰斐逊则曾说过:柯克对 15 世纪英国法学家利特尔顿著作的注释是学生们无所不包的法律宝典,在有关英国宪法的正统理论或者说英国人的自由的学术领域,没有谁比柯克的影响更为深远。为此,在向渴望学习法律的年轻人推荐书目时,杰斐逊总是选择柯克等人的普通法著作。他还说:"我们的律师都是辉格党人。"的确,在革命开始

① [英]爱德蒙·柏克:《美洲三书》,缪哲选译,商务印书馆 2003 年版,第 93~94 页。

② [英]爱德蒙·柏克:《美洲三书》,缪哲选译,商务印书馆 2003 年版,第 95 页。

时，《独立宣言》的 56 名签字者中，律师占 25 人。费城制宪会议的 55 名代表中，律师占 31 人。哈佛大学法学院院长庞德认为，正是在美国最初两代法律学家的努力下，“柯克以人权和理性作为约束议会的基本原则思想在美国得以实现”①。

正如我们前面所指出的，英国宗主国加强征税的经济措施触犯了殖民地人民长期享有的政治权利。对资产阶级来说，财产权是天赋人权中最根本的权利，是自由的基础和保障。因此，在北美殖民地人民来看，英国议会向殖民地摊征各种税收，是对他们财产权的侵犯，也是对他们宪法权利的侵犯。他们认为英国议会没有权力和依据向他们征税。英国人民在长期历史中形成的权利，“无代表即不纳税”，也就成为殖民地人民反抗斗争的理论武器。引发美国革命的事件是宗主国向殖民地征收新税，而仅从财务角度看，并非极为繁重，无法缴纳；从政治角度看，要求北美殖民地分担自身防务费用，也并非全无道理。然而从宪政角度看，没有殖民地代表的英国议会单方面通过《权利申明法案》，自称拥有至高权力，是公然侵犯殖民地人民的早已由过去颁布的历次特许状确认的传统权利。

英国议会申明至高权力的直接目的是将各殖民地纳入同一个模式，由母国（主要是它自己）统一管理，因为各殖民地现有的自治体制是在不同时期形成的，法律和政治制度千差万别，不利于统治的合理化。绝对主权论是对欧洲列强连绵不绝的战争压力的自然反应。但是，殖民地并不准备分享宗主国的压力和宗主国的绝对主权论，美洲人对英国的宪法原则有一种仿古的意识，他们认为英国议会应受习惯法（普通法）和自然法的限制，议会无权随心所欲地改变英帝国的宪政制度。他们认为殖民地的权利是根据上帝的法律和自然法，根据习惯法（普通法）及根据议会的立法被赋予的，因此除殖民地立法机构自行

① 参见[美]庞德：《普通法的精神》，唐前宏等译，法律出版社 2001 年版，第 52 页。

筹款外，任何征税都是非法的。

殖民者对英国宪法的解释完全符合老辉格党的原则，也就颇受柏克乃至威廉·皮特(1708～1778，英国辉格党政治家，曾任国务大臣和英国首相)等辉格党人的赞赏。柏克认为，殖民者不仅深爱自由，而且以英国的观念、英国的原则深爱着自由。他们继承的英格兰传统正是“强烈的自由精神”。

柏克指出，在美洲人的性格中，对自由的热爱是压倒一切的特征，它是美洲人之整体性格的标志和有别于其他人的要素；热爱每每多疑，故你殖民地的人，一旦看到有人企图——哪怕最小的企图——靠武力夺走或暗度陈仓地偷走在他们看来是生命之唯一价值的好处，他们会起疑心、会骚动、会暴怒的。自由的精神在英国的殖民地中，比在地球上的任何其他民族那里，或许都更强大而猛烈。

柏克进一步指出，殖民地的人民是英国人的后裔。而英国是一个珍视自由的民族，当殖民者移居美洲的时候，即带去了这种热爱自由的精神与气质。因此，他们不仅深爱自由，更是以英国的观念、英国的原则深爱着自由。柏克认为，自由并不是抽象的，而是内在于某一具体事务的。每个民族，都各自形成自己所钟爱的观点、自己的价值观以及幸福的标准。对英国人来说，他们最重视的是财产权，而财产权又往往体现在税赋问题上。根据英国古老的法律与政治传统，征税必须获得代表人民的议会的批准，这意味着人民的权利，因为议会是人民的直接代表，否则就是违法的。这也意味着人民的自由，因为财产是自由的保障。而北美殖民者从祖国的母体身上带走血脉的同时，“也带走了这些观念、这些原则。他们对自由的爱，牢牢地胶附于赋税这个具体的问题。在许多别的事情上，自由之安全，不足使他们高兴，自由处于危险，也不足使他们惊恐。但在这个问题上，他们感受到了自由的脉搏”①。

3. 新教伦理和精神

柏克之所以赞美北美的革命者，除了上面论及的他们的宪政制度和热爱自由的旗帜之外，还因为他们秉持着新教的伦理和精神。15世纪后期的西欧，封建制度开始解体。随着一批大中城市的发展，资本主义的萌芽开始出现。许多新兴的民族国家确立了中央集权的王侯统治。天主教会内部专制、腐败。农民、城市平民和新兴市民阶级反抗封建神权统治的斗争日趋激烈。思想文化方面，文艺复兴唤起了新的觉醒。一批人文主义者勇敢地揭露教皇、主教和僧侣们的虚伪和贪婪。经院主义神学已成为繁琐僵死的教条。理性主义和批判精神开始在知识分子中传播。天文学、物理学、数学、医学等都有了新的突破。这一切都最终促成了由马丁·路德和加尔文领导的宗教改革。而基督教中的新教（Protestantism）是在宗教改革运动中脱离罗马天主教会的教会和基督徒形成的一系列新宗派的统称，简称“新教”，也经常被直接称为“基督教”，是与天主教、东正教并列，为广义上的基督宗教的三大派别之一。

英国的新教徒多数为清教徒。清教（Puritanism）是欧洲宗教改革时代后期在英国出现的一支新教教派，产生于16世纪后半期，属于新教中的一支——加尔文派。英王亨利八世在与罗马天主教会决裂后，实行宗教改革，建立了维护国王统治的英国国教。16世纪后期，教会内部分虔诚的教徒要求清除国教中天主教的残存因素，他们的主张被称为“清教”，他们则被称为“清教徒”。清教徒因反对王室的宗教专制和经济压榨而屡遭镇压迫害，于是一部分逃往北美避难。在斯图亚特王朝复辟时期，又有许多清教徒被迫赴美。

清教徒只承认《圣经》是信仰的唯一权威，强调所有信徒无论平民

① ［英］爱德蒙·柏克：《美洲三书》，缪哲选译，商务印书馆2003年版，第90页。

还是国王在上帝面前一律平等。他们主张建立无教阶制的民主、共和的教会，反对国王和主教专权。他们接受加尔文教教义，要求废除主教制和偶像崇拜，减少宗教节日，提倡勤俭节忍，反对奢华纵欲。他们赞许现世财富的积累，提倡勤奋的进取精神。这些观点反映了新兴资产阶级的愿望和意志，为英国资产阶级革命做了充分的思想和舆论准备。英国资产阶级革命的领袖均为清教徒。马克斯·韦伯（Max Weber）在他的《新教伦理与资本主义精神》一书中就高度赞扬了这种新教精神，认为它在资本主义的发展过程中起到了极大的促进作用。

从17世纪初叶起，英国的大批清教徒移民北美大陆，以至于北美的居民绝大多数都是新教徒。新教徒的那种勤俭节忍、艰苦奋斗的伦理与精神在美国早期的资本主义发展过程中起到了重要的作用。也正是在这个意义上，柏克对北美人民的宗教精神给予了高度的赞美。

柏克指出："这里的人民是清教徒；这个教派，最反感于对心灵与思想的暗中压服。其信条不仅是赞同自由的，更是建立于自由的基础上的。任何有专制政府气味的东西，'异见派'的教会都很反感，若求其缘由，我认为，阁下，则得之于他们宗教之教条的，不如得之于他们历史的为多。每个人都知道，罗马的天主教，至少与其足迹所至处的政府一样古老；人们也知道，它通常是与它们联手而行，并从官方得到了很大的恩惠和各种各样的支持。英国的国教，也是在政府的悉心养育下，从摇篮而长大成人。但'异见派'的事业喷薄而起，却是逆着人间的一切固有权力；它们只有强烈地主张自然自由权，才能为这一背逆之举做辩护。它们的存在，有赖于坚决地、不屈不挠地申明这权利。所有的清教派，即使是最冷静、最消极的，也是一种异见者（dissent）。而最盛行于我们北方殖民地的宗教，又是反抗教义中的提纯物：它是'异见派'中的'异见者'，是清教中的清教派。北方诸省所盛行的，大多是这一宗教，它们支派各异，其共同处，惟在于自由的精神；那里的国教，固有其法定的权利，但实际不过是私下的一支，其信众在人口中的比例，很可能不足一成。殖民者离开英国之际，正是这精神高炽之时，而见之于移民者身上的，又最为高炽；外国的移民之流，固然不停地汇入这些殖民地里，但其中的大部分，却是持异见于各自国家之权威的人；他们随身而来的气质、性格和与他们融合在一起的人民的气质和性格，几无不同。"①柏克认为，宗教每每是活力之源，在这个新的民族身上，宗教的精神与气质得到了完美的体现，而这也是自由精神的主要来源。总之，在他看来，北美大陆因为有了宪政制度，再辅之以这种新教精神，便取得了一种精神与制度上的圆满结合。

三、法国大革命

（一）法国大革命的起因与经过

法国大革命前法国社会分为三个等级。教士和贵族分别属于第一和第二等级，这两个等级的人数加起来不到全国总人口的1%，却占有全国30%以上的土地，而且不承担任何税务，构成了拥有特权的统治阶级。资产阶级、城市平民、工人和广大农民统称第三等级，占人口的99%，负担着全国的纳税义务，但没有任何政治权利。大部分高级教士和贵族都反对有损于他们特权的任何改革，他们成为法国封建等级制度最顽固的维护者。当时的法国，四处征战，英法七年战争及北美独立战争消耗了巨额的军费，又有大量国库资金被消费于王室的奢华生活，如王后玛丽·安东尼特，骄奢淫逸，挥霍无度，这些因素都最后导致国家财政入不敷出。由于政府花费庞大，人民需承担重税，生活困苦，因此对政府的不满日益加深。

在18世纪，资本主义在法国部分地区已相当发达，出现了许多资本主义性质的手工工场，个别企业金融资本雄厚。资产阶级已成为最富有的阶级，但在政治上仍处于无权地位。资产阶级经济实力的增长

---

① ［英］爱德蒙·柏克：《美洲三书》，缪哲选译，商务印书馆2003年版，第91～92页。

同他们的社会政治地位愈来愈不相适应。他们在政治上进身之路日益狭窄，贵族垄断了国家、教会和军队的一切高官显爵。工商业资本家的经济活动处处受到行会制度、工业法规、关卡等等的束缚，因此要实现经济自由和参与国家政策的制定，必须取得政治权力，粉碎阻挠他们发展的锁链。[①] 此外，还有资产阶级自由职业者如律师、作家、医生、教师等，他们受到启蒙思想的影响和熏陶，反抗意识不断增强，包括对专制王权及贵族特权和统治的不满。在农民、工人以及资产阶级中间还生长着对传统贵族领主特权以及神职特权者的愤恨和对宗教自由的渴望，相对贫困的乡村低等教士对贵族主教的愤恨，和由此延伸出的对天主教的愤恨，对自由以及共和制度（尤其是随着革命的深入发展）的渴望，等等。这些反叛意识促使他们起而严厉地批判旧的制度，宣传温和的改良或激进的变革，在后来的革命运动中起到积极的推进作用。

法国大革命的发生还有着深刻的思想根源。在 18 世纪上半叶，著名的思想启蒙运动就以不可阻挡之势深入人心了。在路易十五当政时期（1715～1774 年），人民极度不满国王的统治，君主专制制度不断遭到各种抨击，促成了启蒙运动的蓬勃发展，涌现出了伏尔泰、孟德斯鸠、卢梭、狄德罗等一大批杰出的启蒙思想家，提出了一系列资产阶级民主思想。他们所阐发与传播的天赋人权、君主立宪、三权分立、主权在民等思想日益深入人心，为大革命的爆发准备了条件。

革命发生的直接原因是 1788 年春季法国的旱灾。这导致法国大革命前夕面包价格的大幅度上升，患病人数和死亡率上涨，大规模饥荒和普遍的营养不良。饥荒甚至蔓延到欧洲的多个地区。在 1789 年 7 月 14 日巴士底狱被攻占的那一天，面包的价格达到最高点。饥民暴动在各处爆发，巴黎和邻近各郡规模特大。群众冲入市场，自动限制

---

① 参见周一良、吴于廑主编：《世界通史近代部分》（上），安徽人民出版社 1973 年版，第 141～142 页。

价格。这些斗争被称为“面粉战争”。此外,当时正处在法国经济通货膨胀日益恶化的时代,通货膨胀使得社会购买力下降。在18世纪80年代,地主因欠收加租又进一步削弱了农民的收入。国内最大的地主罗马天主教会对谷物征收什一税。什一税尽管表面上减轻了国王税项对民众的压力,实际上对每天都饿着肚子的穷人而言是一座大山。资料显示,1788年贫户家庭收入的一半花费在面包上,1789年则达到80%。与此同时,工业危机也由于农产品价格的急剧上涨和英法通商条约的生效而加剧,大批法国企业倒闭,工人大量失业,城乡下层居民大都处于饥寒交迫之中。这一切都使得社会开始动荡不安。

当时法国特权阶级的最高代表是波旁王朝的国王路易十六。路易十六是1774年即位的,此时的法国,在经历过自称“朕即法律、朕即国家”的路易十四的高度专制的统治,以及声称“我死后哪管他洪水滔天”的路易十五的荒淫挥霍之后,已经是矛盾重重,危机四伏。为了支付到期的债款和利息,法国政府不得不举借新债,从而使国家陷入了严重的信贷危机。路易十六认识到,要想改变这种极度困难的局面,必须对下层民众积怨已久、而特权阶层死守不放的赋税征收制度进行脱胎换骨的改造。他先后任用重农学派著名学者杜尔哥和瑞士银行家内克等主持财政税收制度的改革,意在取消贵族和神职人员的税务豁免特权,向贵族和僧侣这两个等级征税,但税制改革受到这两个特权等级的抵制,以失败告终。万不得已的国王同意在1789年召开全法国的三级会议。

路易十六企图向第三等级征收新税,但第三等级纷纷要求制定宪法、限制王权、实行有利于资本主义的改革。这时的第三等级,只要有合适的机会,就要表达重新改组社会结构和重新分配权力的意愿,此时召开三级会议反而为第三等级提供了一个难得的机会。所以,这次三级会议注定不会是一个仅仅事关财政事务的会议,而必然是一个重新划分社会权利与权力的会议。路易十六准备用武力解散议会,结果促成巴黎人民攻占了象征封建统治的巴士底狱,法国大革命爆发。8月26日制宪会议通过《人权与公民权宣言》(简称《人权宣言》),宣布人是生而自由的,而且人与人在权利方面是生而平等的,财产权是神圣不可侵犯的。革命初期,代表大资产阶级和自由派贵族利益的君主立宪派(斐扬派)取得了政权。广大群众要求废除王政,实行共和,但君主立宪派则主张维持现状,保留王政,反对革命继续发展。

在这种情况下,第一、二等级与革命阵营中的大资产阶级取得了妥协,但是与占法国人口大多数的农民和城市平民的矛盾依然没有缓和。相反,人民在斗争中看到了自己的力量。1792年8月10日,巴黎人民再次起义,逮捕了国王路易十六,推翻了君主立宪派的统治。起义使主要代表法国工商业资产阶级的吉伦特派取得政权,迫使立法会议废除宪法、国王退位、实行普选制。吉伦特派当政期间,法国打败了前来干涉的外国联军,召开了国民公会,成立了法兰西第一共和国,并以"叛国罪"处死了路易十六和皇后。吉伦特派当政以后,把主要力量用于对付代表中小资产阶级激进分子的雅各宾俱乐部和山岳派。人们不满吉伦特派的温和政策,代表贫苦劳动群众利益的忿激派革命者则要求政治平等,平分土地,提高工人工资,对日用商品实行普遍的最高限价,征购粮食,统一管理供应,救济贫苦人和义勇军家属,严厉惩办投机商人,以严厉手段打击反革命分子等。而吉伦特派却颁布法令镇压下层人民群众,摧折他们的革命诉求。

控制着国民制宪议会的资产阶级的自私自利,激怒了要求平等公正的巴黎工人。这些工人与资产阶级左派雅各宾党人联手夺取权力,从1793年夏开始进行激进的社会政治变革。但由于阶级本性使然,雅各宾派拒绝满足工人的经济要求,乃至失去支持,从而在热月9日(1794年7月27日)被剥夺了权力。接下来,面临着下层人民和王党分子敌视的双重压力,以及经济困难和列强干涉的内忧外患,资产阶级转而求诸强人统治,一个允诺履行资产阶级社会议程的军人——拿破仑因此取得了权力。

法国革命发生时,英国社会各阶层都迅速作出了反应。革命的初步胜利使许多英国人感到欣慰,他们准备把法国做为一个自由国家来欢迎。突如其来的革命摧毁了法国的君主专制统治,取缔了贵族的特权,人的天赋权利得到了伸张,预示着一个自由、平等和博爱的新时代的到来。英国的许多政界要人也对法国的革命予以肯定,认为法国作出的光辉榜样将鼓舞其他民族去维护不可剥夺的人类权利,从而导致欧洲各国政体的全面改革,以及世界的自由与幸福。辉格党领袖福克斯称颂法国革命是"世界上最最伟大、最最优秀的事件",说他"从感情和原则出发",都为之"欢欣鼓舞"。在法国革命的影响下,英国的激进政治运动勃然兴起。中等阶级改革派的"宪法知识协会",借纪念"光荣革命"之机宣传激进的政治主张。1792 年 4 月,格雷、贝德福公爵等一批辉格党的激进派人士又发起"人民之友社",倡导在英国宪政的基础上实现政治平等,改革议会选举制度,实现普遍选举权。1792 年 1 月,鞋匠哈迪等人成立了"伦敦通讯会",开始了英国工人阶级的早期激进主义运动。他们在全国建立广泛的通讯联系,组织请愿,召开全国改革派代表大会,举行盛大的群众集会,争取实现普选和年度议会等激进议会改革,对整个 1790 年代的激进运动产生了巨大影响。① 这些情况表明,对要求改革和进步的激进的英国民众来说,法国革命是个莫大的鼓励,其原则可以用来对英国的历史传统、政治制度作出新的解释,从而为他们的改革运动提供新的依据;革命的进程则为激进改革运动提供了良好的时机。显然,较之法国革命的原则,英国的政治制度不再先进了,有必要加以变革;法国革命的进程则和英国国内的政治生活密切联系起来,使"光荣革命"以来长期稳定的政治秩序受到了严峻的挑战。

---

① 陈志瑞:《保守与自由——埃德蒙·伯克的政治思想》,《世界历史》1997 年第 5 期。

柏克以维护“光荣革命”传统为己任，从一开始，就站在英国的立场上看待法国发生的一切。大革命爆发不久，他即断言法国在发生根本的变化，“在那里，人民与摆脱他们的政治奴役一道，也在摆脱法律和道德约束”。他也很快意识到了大革命对英国和整个欧洲的严重影响：“我看到坐落在我们西方制度中心的一个伟大的文明国度的全部政治毁灭，不仅对整个欧洲，而且特别是对本国产生了许多不利。”1789 年 11 月，柏克在一封长信中对法国的事态作出了明确的判断，法国是在“发动一场革命，而不是一场改革……可能推翻君主制度，但不能恢复自由”。①

1790 年 2 月 9 日，福克斯以法国革命的进展预示着欧洲的和平和未来为由，反对加强英国的军事力量。作为其政治盟友的柏克则持相反观点，并在“关于军队预算的演讲”中首次公开地攻击法国大革命。柏克说，法国人推翻了君主制，破坏了教会、贵族、法律、财政和商业等等。他们使国家陷于无政府状态，充斥欺骗和暴力，导向“不理智的、无原则的、失去法律保护的、肆意没收劫掠的、凶恶的、血腥的和专横残暴的民主制”，以及“无神论，一种邪恶的、不自然的罪恶”。柏克宣称，法国人不是在改革他们的制度，而是摧毁它。②

这次演讲显示了柏克反对法国革命的基本政治立场和观点。他认为法国革命及其在英国的激进反响构成了对英国的严重威胁，反对把法国革命和“光荣革命”作简单的比附。实际上，柏克本人把法国革命和“光荣革命”进行了对比，才得出了这样的结论。正如柏克所言：“他们使自己陷入了种种灾难，但在经受这些灾难以后，却得不到英国式的宪法，或者任何与其相似的宪法。”

1790 年 11 月 1 日，柏克发表了他反对法国革命的主要著作——《法国革命论》。1789 年 11 月 4 日，不信奉国教的牧师理查德·普莱斯在纪念“光荣革命”的集会上，对“光荣革命”作出了迎合法国革命原

① 参见[美]庞德：《普通法的精神》，唐前宏等译，法律出版社 2001 年版，第 52 页。

② 参见李雪丽：《伯克保守主义思想探析》，湘潭大学硕士学位论文，2016 年。

则的激进解释。而柏克的《法国革命论》则是对普莱斯观点的反驳。该书集中表达了柏克反对法国革命的立场和观点和他的保守主义政治思想。柏克声明,他写作此书是为了英国,“实际上,我的目标不是法国,而首先是本国”,是为了阐明与捍卫英国的社会政治秩序、宪政制度和原则。在一系列重大问题上,柏克都把“光荣革命”和法国革命进行对比,这种对比成了他阐述论题的主要方式。

(二)柏克对法国大革命的批判

1. 贵族阶层是保证社会稳定和发展的支柱

在18世纪,英国资本主义生产关系已经确立,并处在快速发展时期。英国“光荣革命”延续下来的贵族精英代议制满足了当时资本主义经济发展的需要,符合了统治阶级的利益。对柏克而言,英国的贵族阶层是既存社会秩序的支柱。他讶异于法国大革命中对贵族制度的彻底的抛弃,更惊恐于其所遵循的平等原则以及在此原则之上可能建立起的人人平等的社会秩序。

从盎格鲁-萨克逊时期开始,英国贵族的力量一直就比较强大。从某种意义上来说,中世纪的英国国王只是贵族中力量最大的贵族,一个最大的封建主。正是这种强大的贵族阶层有效地遏制了王权。在英国历史上,贵族为捍卫英国宪政而与王权斗争的史实不胜枚举。在1700年,英国贵族占有了英格兰土地的15%~20%,到1800年这一比例甚至上升到20%~25%。1688年“光荣革命”之后,贵族主要通过议会维护自己的权利,保障自己的利益。1747年,上院贵族控制了下院议席167个,到柏克晚年的1786年,上院贵族控制了下院中的210个席位,占下院议席总数的37%。① 贵族阶层因世袭继承和从事商业而拥有大量的财富,并将立法权牢牢掌握在自己的手中,使得他们在社会各个公共事务中发挥重要作用,直接影响着国王和人民。在

① 参见钱乘旦、许洁明:《英国通史》,上海社会科学出版社2002年版,第42页。

柏克看来，贵族阶层是节制君主权力，抵制专制主义，进而维护社会秩序的不可替代的支柱。贵族阶层是王权与人民权利之间的中介，起到缓冲二者之间关系的作用。正是基于这种认识，柏克把贵族阶层看作是捍卫英国宪政的中坚力量和保证社会秩序的基石。

英国1688年"光荣革命"恰恰是一场代表贵族利益的议会与国王争夺权力的斗争，革命结果进一步明确了贵族地主和资产阶级的权利，确立了"王在法下"的君主立宪制。"光荣革命"前爆发了一场农业革命，即历史上的圈地运动。由15世纪开始至18世纪中期结束的由政府支持的圈地运动，使得昔日保守自固的封建地主转化为同市场紧密相连的新型的、以资本主义方式经营农业的贵族大地主，而资产阶级也借此加大了对农业的投入，和新贵族组成了政治和经济的同盟，共同掌握国家政权。到18世纪，英国的普通农民已经完全丧失了基本生活资料——土地。从社会结构上来看，18世纪时英国的国会组织仍然和17世纪的时候一样，贵族院议员的职位属于世袭，平民院议员则由郡和市镇等选区选举产生。不过，所谓的选举也只是徒具形式而已，只有士绅有权参选议员。士绅依靠地产的收入生活，他们中的许多人也在商业上占有一席之地。而成功的商人有时也购买乡村的房产，自己当上了士绅。只有士绅可以希望升职和成为陆军与海军军官、律师、牧师和内科医生。在地方事务上，治安官只从拥有土地的士绅中产生，他们拥有着一切行政权力。尽管英国的统治阶级通常是自私和狭隘的，但他们在情况最好的时候还是会对比较不幸的人们有一种公益感和公德心。而且，克伦威尔反叛的记忆和圈地运动所导致的周期性的食品骚乱，也强烈地刺激着贵族要维持政治控制。柏克对贵族阶层和世袭制的维护符合英国当时社会的阶级状况，符合英国社会资本主义发展的要求。

反观北美独立战争时期，社会表面上虽不是一个贫富分化严重的社会，实际上在社会制度、生活习俗、日常的人际交往以及社会成员的财富拥有上都存在着一个等级格局。社会上层是那些虽非来自皇家封赐，却凭借个人努力或前辈奋斗而获得财富和地位的、被人们称为“天然贵族”(仅从身份角度来说，区别于国王册封的世袭贵族)的人。殖民地的社会面貌与英国有着惊人的相似之处，只是英国的士绅在这里变成了种植园主，他们成为社会上层精英，主导着社会的政治和经济。在美国革命前的1775年，左右殖民地议会的是大种植园主，家族世袭的现象更可见于议会的下院议员之中。而英国当局自60年代以来开始采取很多高压政策遏制殖民地经济的自由发展，颁布法令，不准殖民地居民向西开拓，禁止其发行纸币，并课以重税及解散议会等。这些做法严重损害了这些人的利益，而恰恰又正是这些人领导了美国革命。有产阶级在北美殖民地拥有的财产和社会地位同当时英国的贵族精英在社会中的位置几乎一模一样，这也无怪乎柏克强烈建议英国当局与殖民地和解，面对和解无望时又转而支持殖民地战争。

应该说，柏克对贵族阶层怀有一种又爱又怨的矛盾心理。一方面，柏克生于爱尔兰的有产阶级家庭，却始终未能跻身贵族的阶层。成长于英格兰和爱尔兰人地位明显不平等的时代，柏克目睹了当时的政治制度对大多数爱尔兰人的压制，特别是对爱尔兰天主教徒的迫害，使得他们的生活境况还不如殖民地的人们。他看到了那些腐朽的贵族富户懒于有效地经营他们的财产，又阻拦他们的佃户成为自耕农，使得农民处于极端的贫困之中，这使他一直对爱尔兰、印度和北美殖民地的人们怀着深切的同情。另一方面，他又深知，要想改变现状，不能不向现行制度妥协。特别是他的政治生涯更是一直依赖大贵族，作为一个有产者，他与贵族们有着同样的价值诉求，其政治思想的施行一直仰赖大贵族罗金汉姆侯爵的支持，然而他却因自己的爱尔兰出身一直未能进身内阁。柏克是站在有产阶级的立场上向那些懒惰无能而又无德的富有者进行抨击的。他拥护的是由世袭贵族演变而来的资产阶级新贵族。在经过了“光荣革命”之后，英国的世袭贵族凭借其经济和军事方面的实力，不但在政治上继续发挥着重要的作用，而且在经济上也大量地采用资本主义的生产经营方式，成为当时英国资本主义新兴的工商业资产阶级。实际上柏克维护的世袭等级制已经是资本主义社会的等级制。这种制度不但没有阻碍当时资本主义的发展，反而成为资产阶级在政治上获得更大权利的主要渠道和保证。

柏克认为，贵族阶层是保证社会稳定和发展的支柱。他说："有人指责我是个坚持贵族制原则的人。如果他们所说的贵族指的是那种有封号的阶层，那么，我对这一阶层既不盲目崇敬，也不盲目反感。我对他们这一阶层抱有冷静而适当的敬意。我认为，他们是宪政中绝对必需的成分；不过，我也认为，只有把他们限定在适当的范围内才能起到好的作用。"①在柏克看来，贵族的社会地位与作用是与他们的财产权紧密相关的。他指出："在公共事务的各个方面，贵族人士都有重大影响。由于他们是有产人士，不可能阻止他们产生这种影响，除非采取某种措施，限制一切财产发生其自然而然的功用。这样的事是难以办到的，因为财产就是力量。财产是自由精神的载体，也是自由的保障，如果任何特定的贵族人士，通过他们一贯的、正直的、合法的表现，通过他们的公德和私德，在国家中获得了一定的影响力，那么，人民绝对不会接受这样的骗人说法，即：贵族所具有的这种力量是贵族专权。因为，贵族的那种影响是以人民的意愿为基础的，是从人民那里来的；而且，人民也知道，并切身感受到，贵族的这种力量恰是他们自身重要性的结果和见证。"②

法国大革命是一场资产阶级领导的广大下层平民推翻封建等级制，剥夺君主、教士和贵族阶层财产和权利的斗争。正因为此，柏克是

① [英]埃德蒙·柏克：《自由与传统：柏克政治论文选》，蒋庆、王瑞昌、王天成译，商务印书馆 2001 年版，第 156 页。

② [英]埃德蒙·柏克：《自由与传统：柏克政治论文选》，蒋庆、王瑞昌、王天成译，商务印书馆 2001 年版，第 156 页。

带着对所谓"多数人对于少数派的暴政"的忧虑与恐惧为法国的贵族制度进行辩护的。也就是说，他害怕下层人民会侵害贵族的财产权。他说："当王国中最贫穷的人们的最微小权利发生问题时，我都会挺身而出，反对议会中的最高层人士所支持的一切傲慢与专权的行径。如果事态竟发展到了极端，到了流血冲突的地步——上帝禁之！上帝禁之！——那么，我的立场十分坚定：我将与贫者、贱者和弱者共命运。但是，如果这些人进而欲将其自由权转化为胡作非为的保护伞，企图获得某种特权摆脱道德规范的约束与德性的自律，而不是为了摆脱权力的压迫，那么，我又会与他人联手，使他们尝尝为正当事业而联合起来的少数人对放肆、狂暴的大众所具有的威力。"①

在对法国贵族在社会中的地位和所起作用的分析中，他明显地表达了对大革命时期的贵族的同情和支持以及对平民的质疑和嘲讽。1789年5月5日，法国三级会议于巴黎郊区凡尔赛宫召开，出席者中有贵族代表300人，教会代表300人，平民代表(第三等级)600人。当柏克发现第三等级的代表皆出身低微以后，便表达了他的惊异、蔑视和讥讽。他说："当我发现该议会的很大一部分比例(我相信是出席的成员的大部分)是由法律的开业者们所构成的，就请您判断一下我的惊异吧。它并不是由显赫的行政官员(他们曾宣誓以自己的知识、审慎和品格效忠于国家)，并不是由居领导地位的律师(他们是法庭的光荣)，也不是由有名的大学教授所组成的；而是绝大部分(正如这样的一种数目所必然地)都由下等的、无知无识的、机器般的、纯属各行各业的驯服工具的那些成员们所组成的。也有显著的例外；但是一般成分则是默默无闻的地方律师、小地方司法机关的管事人、乡村的法律代理人、公证人等。从我读到这份名单的那一刹那，我就清楚地看到

① ［英］埃德蒙·柏克：《自由与传统：柏克政治论文选》，蒋庆、王瑞昌、王天成译，商务印书馆2001年版，第155页。

了——而且几乎正像它所发生的那样——一切随后发生的事。”[①]

柏克以英国的社会结构和体制为标准，强调法国贵族在国家财富中的贡献，并把一切反对贵族的声音认为只是一种做作。“我的研究和观察并没有向我展示法国贵族有任何不可救药的过错，或任何除了彻底清除就无法通过改革来加以清除的弊端；对他们，我既不感到失望，也没有感到不满。”[②]他说：“根据我所能观察到的，并以之与我所能进行的探讨加以比较，我发现你们(法国)贵族中的大部分人是有着高尚的精神并有着精细的荣誉感的，不管是就他们个人自身而论，还是就他们的整体而论，超乎其他国家一般情况的是，他们对自己的整体保持着监督的眼光。”[③]在柏克看来，法国的贵族“是温良和善的。……作为拥有地产的人们，我觉得他们的行为是无可指摘的；尽管在许多旧的土地占有制度中有很多可指摘的、并有很多可改进之处。……国家的税收体制及税赋征收，这个法国政府中问题最为严重的部分，并不是由佩剑的人来掌管的，他们也不对它的原则错误和在执行中可能出现的任何偏差承担责任”[④]。

柏克进一步为英国和法国的贵族辩护说：“我把这一切反对贵族的狂喊乱叫认为都只是一种做作。被我国多少世代所产生的法律、舆论和长期形成的习惯所赋予的荣耀乃至特权，绝没有可以激起任何人的恐惧和愤怒的东西。即使人们过分地坚持这些特权，也绝不是一种罪行。每一个人为了保持他认为是属于自己的所有以及使自己不同于众的东西而进行的激烈斗争，乃是植根于我们天性中要求安全感、反对不正义和专制主义之中的一种。它就像是一种要保障所有权以及要维护一个稳定的国家中的团体的本能在起作用。这有什么可以

① [英]柏克：《法国革命论》，何兆武等译，商务印书馆1998年版，第55页。
② [英]柏克：《法国革命论》，何兆武等译，商务印书馆1998年版，第182页。
③ [英]柏克：《法国革命论》，何兆武等译，商务印书馆1998年版，第179页。
④ [英]柏克：《法国革命论》，何兆武等译，商务印书馆1998年版，第180页。

让人吃惊的呢？Omnes boni nobilitati simper favemus.（所有我们的好公民总是爱戴贵族的。）这是一位聪明善良的人说的话。这种对贵族带有几分偏爱的倾向，确实是一颗开明仁慈的心灵的一个标志。……你们的贵族并不应该受到惩罚。”①

2. 宗教是保证社会秩序稳定的精神力量

柏克一直用上帝的“自然法”解释权力的最终来源、传统的正当性和社会秩序的合法性。柏克是一位正统的基督徒，他强调信仰的重要性，认为宗教是人们之间相互交往和社会有序的基础。柏克认为，人类从本性上是一种宗教性的动物，不但穷人需要宗教加以慰藉，而且富人亦需要宗教给予精神上的满足。在柏克眼里，宗教是“公民社会的基础，是万善、万福之源”②。正是因为依靠现有的宗教制度，人们才能继续按照人类早先获得的、始终不变地保持下来的意识办事。在他看来，这种传统的意识不仅像一个精明的建筑师那样，建立起各个国家雄伟的建筑，而且像一个深谋远虑的业主那样，为了把那建筑作为神圣的庙堂保存下来，使之不受亵渎，不致荒废，并力求避免其为欺诈、暴虐、非正义和专制等一切肮脏的东西所玷污。③

柏克十分强调通过宗教来治理国家的重要性。因此，他肯定英国的国教制度，认为国教是一个“含有深邃的、广大智慧的成见……在我们心中，它是第一性的、终极的和最具中心性的内容”④。柏克进而主张那种由国教将国家神圣化的做法。他认为，为了保障公民的自由，必须使他们享有某些确定的权利。宗教与国家连在一起，进而与公民

---

① ［英］柏克：《法国革命论》，何兆武等译，商务印书馆 1998 年版，第 182 页。

② ［英］埃德蒙·柏克：《自由与传统：柏克政治论文选》，蒋庆、王瑞昌、王天成译，商务印书馆 2001 年版，第 235 页。

③ 参见［英］埃德蒙·柏克：《自由与传统：柏克政治论文选》，蒋庆、王瑞昌、王天成译，商务印书馆 2001 年版，第 237 页。

④ ［英］埃德蒙·柏克：《自由与传统：柏克政治论文选》，蒋庆、王瑞昌、王天成译，商务印书馆 2001 年版，第 237 页。

对国家的义务连接在一起,宗教就变得比受臣服条件约束的、仅局限于私人感情和家庭事务的社会事务更重要,更不可或缺。[①] 他指出,强调国家是神圣的,是为了使任何人都不应该对待国家的制度保持应有的审慎,都不应该梦想通过颠覆来改革国家。对待国家的弊端,人们"应像对待父亲的伤痕那样,使自己心中忧伤,颤栗不安。如果国家的子女们鲁莽地把年迈的父亲劈成碎块,放进巫师的魔壶中,指望巫师用毒草和野蛮的咒语来重塑父亲的身躯,完善父亲的生命,那么,根据我们明智的偏见,对此等做法我们定会不寒而栗"[②]。

柏克崇拜自然法,认为人类的道德与社会的规范均来自自然法。然而自然法来自上帝的意志,所以人类的道德与善也就是来自于上帝。在他看来,上帝既然把我们的本性交给我们,让我们通过德性使其臻于完美,那么,实现完美的必要手段也是出自上帝的意愿。因此,国家出自上帝的意愿。国家与一切完美事物的本源和原初典型之间的联系也出自上帝的意愿。"上帝的这种意志是一切法律的法律,一切君主们的君主。我们这种团体性的忠诚、礼敬,我们对至高统治权的这种认可——我说这是国家本身的神圣化——是万众称扬的崇高祭坛上的珍贵祭品。"[③]因此,他认为宗教的制度和礼仪都是必要的:"如果在表示这种忠诚、礼敬及对至高统治权的认可时,根据人类的习俗,遵从人类的本性,利用特殊的建筑物和音乐,进行一些修饰,发表演讲,展现人的尊严,如同举行任何严肃的公共活动时所做的那样——也即是说,不过分的豪华,不做作的声张,不酷烈的威严和不放纵的壮观,那么,坚信上帝意志的人们不会认为这有什么不好。他们

① 参见[英]埃德蒙·柏克:《自由与传统:柏克政治论文选》,蒋庆、王瑞昌、王天成译,商务印书馆 2001 年版,第 238 页。

② [英]埃德蒙·柏克:《自由与传统:柏克政治论文选》,蒋庆、王瑞昌、王天成译,商务印书馆 2001 年版,第 242 页。

③ [英]埃德蒙·柏克:《自由与传统:柏克政治论文选》,蒋庆、王瑞昌、王天成译,商务印书馆 2001 年版,第 245 页。

认为，把国家的部分财富用于这些目的与用于满足个人的享受同样有意义。这是公共性的装饰，这是公共性的慰藉，它滋养着公共的希望。”①

因此，柏克认为教会和国家是形影不离的观念，国教与国家有着本质的联系，是整个政体的基石，与政体及政体的每一部分之间的联结牢不可破。而英国人所建立的教育制度就是为了符合、巩固这种观念。英国的教育全部掌握在牧师手中。自婴儿到成人，各阶段的教育都是如此。甚至在年轻的贵族和绅士离开了中学、大学，进入了最重要的生活阶段，开始将经验与学习结合起来时，当他们带着这样的目的到其他国家游历时，伴随他们出游的并不是那些被视为贵族教师的年老家仆，而是牧师。“他们不是作为严厉的师长，也不是作为单纯的随从，而是作为老成的朋友和伙伴，他们的出身往往与这些贵族绅士一样高贵，他们之间总是终生保持着亲戚一般的亲密联系，根据这种联系，我们认为我们是把我们的绅士托付予它了教会。”②

柏克又指出，英国人对古老的教会制度的模式和风尚固守不舍，因此自14、15世纪以来，教会制度的模式和风尚基本没有改变。在宗教问题上与在一切其他问题上一样，英国人坚守古老的既定原则，从来不完全彻底地偏离习惯，也不一下子抛弃传统。因为在他们看来，这种古老的制度是有利于道德和礼法的。③ 柏克认为，如果不动摇其根本，对这些宗教制度也是可以加以改革的。这些古老的教会制度的模式和风尚能够包容和促进科学和文学上的成就。

正是基于上述原因，柏克主张给宗教以崇高的地位，主张使宗教

---

① [英]埃德蒙·柏克:《自由与传统:柏克政治论文选》，蒋庆、王瑞昌、王天成译，商务印书馆2001年版，第245页。

② [英]埃德蒙·柏克:《自由与传统:柏克政治论文选》，蒋庆、王瑞昌、王天成译，商务印书馆2001年版，第247页。

③ 参见[英]埃德蒙·柏克:《自由与传统:柏克政治论文选》，蒋庆、王瑞昌、王天成译，商务印书馆2001年版，第263页。

彻底融入全体民众的生活之中，贯穿于一切社会阶层之间。他说，英格兰人民要向世界表明，一个自由的、宽大的和有见识的民族应当尊重它高尚的教会人士，不允许他们的财富和名望遭受傲慢无礼的对待和鄙夷轻蔑，也不允许蓄意践踏他们通过个人努力、来自学养、诚敬和德性的高贵人格。

正是因为宗教有这样的作用，所以柏克激烈地批评法国革命否定宗教的态度，对宗教团体的破坏，特别是对教会财产的没收。[①] 柏克认为，法国的僧侣阶级中无疑存在着各种腐败和弊病，这是必然的。因为天主教会是一个古老的组织，并没有得到经常的改进和修正。但是他们中间并没有人犯下应该被没收财产的罪行，“也没有看到值得遭受那些残酷的侮辱和贬黜以及那种违反自然的迫害的罪行，而这种迫害却用来代替了改良的途径”[②]。他批评道，在法国国民议会看来，财产所有权是一文不值的，法律和惯例也是一文不值的。“我看到国民议会公开谴责习惯法学说；而法国自己最伟大的法学家之一，却非常真切地告诉我们，习惯例乃是自然法的一部分，明确肯定它的界限并保证它不受侵犯乃是建立公民社会的原因之一。”[③]

柏克指出，一旦这些习惯法被动摇了，则任何财产权便都失去了保障。他认为，法国人在革命期间的做法，是对习惯法乃至自然法的蔑视。他说：“我看到这些财产的掠夺者们先从主教、教长和修道士们下手，但我没有看到他们到此为止。我看到那些世袭王公们根据这个王国最古老的惯例法所拥有的大批地产（几乎未经辩论的仪式）便被剥夺了自己的所有权；他们不再有自己稳定而独立的财产，而沦为寄希望于国民议会随意的、慈善性的津贴，而这个国民议会在它蔑视合

① 参见[英]埃德蒙·柏克：《自由与传统：柏克政治论文选》，蒋庆、王瑞昌、王天成译，商务印书馆 2001 年版，第 263 页。

② [英]柏克：《法国革命论》，何兆武等译，商务印书馆 1998 年版，第 183 页。

③ [英]柏克：《法国革命论》，何兆武等译，商务印书馆 1998 年版，第 198 页。

法所有者的权利的时候，当然会任意地毫不顾及领取津贴者的权利。这些人被他们最初的不光彩的胜利的那种骄横冲昏了头脑，又受到他们对肮脏钱财的贪欲所造成的窘境的压力，虽然失望却没有泄气，终于妄图全盘颠覆一个伟大王国的范围之内所有各类人等的一切财产。"①

3. 传统不可割裂

柏克认为，传统具有一种不可替代的"神圣性"，任何时候对待任何政治问题，都要首先考虑到传统的价值及其影响，都要在传统的基础上，针对现实情况，以前辈的经验为依据给予解答。柏克一生都在维护英国"光荣革命"以来的资本主义社会的政治秩序和自由的精神。他反对抽象的思辨理论，在思考政治问题时，总是以现存的社会状况为背景，以历史经验为依据。在柏克眼中，并不是所有的习俗都可归为传统的行列，那些被现存社会中的大多数人认可并接受，满足现存社会秩序的需要，并能够保证国家稳定的习俗才是应该保留的传统。伴随着社会的发展，传统也在不断地经历着渐进的变化，其是在对某些主体价值的认可的基础上经历着由量变到质变的过程。在这个过程中，传统不是消失而是在创造性地演进，在人们解决问题的过程中被检验，被改进，被转化而成为新的传统。

在柏克看来，人类总的来说乃是具有天然的情感的；人类不应该抛弃世代相传的传统的思想观念和习俗，而是应格外地珍视它们。换言之，正因为它们是世代相传的，所以才应当备受珍视；它们存在的时间越长，流行的范围越广，我们便越应该珍视它们。我们不可以只是依靠自己个人的理性而生活与交流，因为这种每个个人所积累的思想与见识是微少的，如果人们能够利用各个民族和各个时代的所有的丰富思想与知识的宝藏的话，他们就会做得更好。我们的思想家们不应

---

① [英]柏克：《法国革命论》，何兆武等译，商务印书馆1998年版，第198页。

当抛弃那些世代相传的传统的思想观念和习俗，而应当运用他们的智慧去发掘与应用其中潜存的精神宝藏。

也正是如此，柏克提出，如果北美殖民地的税收出现问题，让其自己去解决，因为他们同英国本土拥有着同样的祖先，享有同样的传统。柏克分析了北美的人口、地理环境等因素，提出了北美最重要的是得自英国传统的自由和宪政的精神，以及当时北美殖民地议会的构成。“在处理美洲问题时应执行什么样的政策，决定我看法的，还有后面的第三个理由，它比美洲的人口和贸易更重要，这就是它的气质和性格。”①双方曾经在一起幸福地生活，这是被证明了的最好的相处模式。北美人民已经养成了自己决定其税收的习惯，试图打破这种习惯是一种不明智的做法，将会伤害北美人民的感情。北美人民可能放弃主权，不惜一切代价争取自由，最终结果是很难预料的。对柏克而言，按照过去的经验和自由的精神，英国政府应该取消加诸北美殖民地的一切税收，与殖民地和解。北美独立战争之后建立的政治制度和政体是在其既存的资本主义生产方式上确立起来的，战争并未更改之前的基本政治制度和统治形式。北美独立战争不是对过去一切的抛弃，而是对以往殖民地在英帝国内的权利的重申，是资产阶级对权利的重申，北美革命要维护的恰恰是资产阶级的利益和已经形成的资本主义社会的传统。

柏克在批判法国大革命时指出，法国的革命者们以对自己的过分自信取代了对先辈们的智慧的尊重。他们毫无理由地毁掉旧事物，又毫不关心新事物是否能够持续，因为对那些很少或者根本就不考虑以前时代所做过的一切的人，对那些把全部希望都寄托于新发现上的人们，持续性并不是他们的目标。他们相信，一切传统的事物都是腐朽有害的，因此他们与一切既有的成就都处于不可调和的战争状态。他

① [英]爱德蒙·柏克：《美洲三书》，缪哲选译，商务印书馆 2003 年版，第 88 页。

们认为政府可以像服装的式样似的经常变换而不会有什么恶果;他们认为除非着眼于目前的方便而外,就无须坚持任何一种国家的组织原则。他们讲起话来总是似乎以为在他们与执政者之间有着一种独特的约定;这一约定只是约束执政者一方,双方并没有任何相互的关系;人民的威权,只要它愿意,无须任何理由便有权解除这一约定。他们对自己国家的依附,仅仅是在国家赞同他们某些流变不定的规划时方才存在;那是随着政治体制之符合他们暂时的见解而告开始和终结的。①

在柏克看来,那种代表了欧洲现代文明的观念和情感的混合体"源于古代的骑士制度,虽然其原则随人事情态之不同而有不同的表现,但历经漫长的世代推移,一直存在着,并发生着影响,甚至存续到我们这个时代。如果它真的被彻底毁灭,我担心损失将是巨大的。现代欧洲的精神风貌就是从它那里来的,正是它使欧洲的一切政府形式获得了某种特殊性、某种优势,从而与亚洲诸国家,也可能与那些繁荣于古代世界最辉煌时期的国家,区别开来。它曾在不淆乱名分的情形下生出一种高贵的平等精神,并将此种精神融入社会生活的各个层面。这种观念曾对国王们发生着软化作用,使他们彼此成为伴侣,并把以个体形式存在的人们升为国王们的朋友。无需假借强力或对抗,它就制服了傲慢和权力的残酷性。它敦促君主们就范于社会舆论这一柔性项圈,迫使严厉的权威受制于优美的风范,并把权柄、无情的法律交由礼俗制服"②。然而,他慨叹道:"现在一切都将改变。那些令人愉快的修饰曾使权力变得温和、使服从出于自愿,曾使生活的各种不同色调显得和谐,并通过潜移默化,把对私人交际起着美化和调剂作

① 参见陈志瑞、石斌编:《埃德蒙·伯克读本》,中央编译出版社 2006 年版,第 145 页。

② [英]埃德蒙·柏克:《自由与传统:柏克政治论文选》,蒋庆、王瑞昌、王天成译,商务印书馆 2001 年版,第 263 页。

用的情感输入政治,而现在一切修饰都将被新的光亮和理性的霸权扯掉,生命的一切体面的遮饰都将被粗暴地撕去。道德想象这一百宝箱所提供的精神添加剂是心灵的财富,是理智的认可之物,为遮掩我们赤裸、颤抖的本性的缺陷,为提升我们的本性使其不至在我们自己的眼中失去尊严,这些精神添加剂不可或缺,可现在它们全被当成了可笑的荒谬和过时的风尚,行将被抛撒得无影无踪。"①

柏克指出,在传统的精神与习俗中,这种源自中世纪的标榜忠信侠义的骑士精神对维护欧洲社会的政治与社会秩序是极为宝贵与重要的;它"不仅使国王们免于恐惧,同时也使国王和臣民双方都免受暴政的侵扰。如果这种精神在人们的头脑中真的灭绝了,杀戮和剥夺财产这样的手段就会被启用,并企图用它们来防范可能出现的阴谋和行动,一系列严酷血腥的信条也会因此派上用场——一切既非建立在它自己的尊严之上又非建立在它的服从者的尊严之上的权力即由这样的信条构成。出于策略,国王们将成为暴君;出于原则,臣民们将成为造反者。……如果古代的观念和生活规范被弃置了,那么损失是难以估量的。从那一刻起,我们不再有导航的指南针,也不能清楚地知道我们将驰向什么样的港湾"②。

柏克又进一步指出,如果一个国家缺少的只是贸易和工业,其贵族精神和宗教仍然存在,那么,这个国家尚可自立于世界民族之林。但是,如果这个国家失去了传自古代的传统思想与习俗以及它们所承载的基本的原则和精神,那么,它将变成一个"由粗陋的、蠢笨的、暴戾的,同时又是可怜而悲惨的野蛮人群所构成的民族,缺少宗教、廉耻或

① [英]埃德蒙·柏克:《自由与传统:柏克政治论文选》,蒋庆、王瑞昌、王天成译,商务印书馆2001年版,第263页。

② [英]埃德蒙·柏克:《自由与传统:柏克政治论文选》,蒋庆、王瑞昌、王天成译,商务印书馆2001年版,第265页。

高昂的自豪感，目前一无所有，以后也毫无希望”①。

在柏克看来，法国的革命者过分地、片面地相信自己的理性，以为它是无所不能的，从而完全丢弃了传统精神与习俗。他们是在以一种几何学的分配和算学的安排的方式对待着法国，就像是对一个被征服的国家那样。“他们像征服者一样地行动，他们模仿那种粗野种族的最为粗野的政策。这些蔑视被征服的民族并凌辱他们情感的野蛮胜利者的政策，永远是要尽其全力摧毁这个古老的国家在宗教上、在政体上、在法律上以及在风尚上的一切遗迹；混淆所有的地域界限；制造一场普遍的贫困；拍卖他们的财产；砸烂他们的君主、贵族和主教；贬低一切昂首于水平线之上或是可以用来在老见解的旗帜之下联合和团结在艰难困苦之中被瓦解了的人民的一切东西。他们在向他们的每个城市都提供独立性的幌子之下摧毁了他们联合的纽带。”②

对柏克而言，政治制度并不是某一代人独自发明的结果，而是建立在经历世代仍长久存在的祖先的基本原则之上。民族传统习俗的逐渐成形是依据环境的需要进行无数次调整的记录，无论哪些习俗，都是在对频繁出现的人们的需要的解答、调整、考验中形成，并且在国家确立的规则中被保留下来。另一方面，个人或者一代人的知识必然受到作为其产生的基础、特定的社会条件和人们具体生活经历的局限。而一个民族之世代相因的传统思想与习俗则远远超出了现世人所获得的经验的总和。

在不断解决传统与现实的矛盾中，传统得以不断地发展，而其精华的部分则在发展中被保留，这是传统与现实相互作用以适应对方的过程。这样就永远也不可能出现既存政治制度不能满足现实需要、不能满足人们的要求的情况。相反，这种渐变的传统很好地满足了现实

① ［英］埃德蒙·柏克：《自由与传统：柏克政治论文选》，蒋庆、王瑞昌、王天成译，商务印书馆2001年版，第266页。

② ［英］柏克：《法国革命论》，何兆武等译，商务印书馆1998年版，第237页。

发展的要求。柏克在原则上并不反对变革。但他指出，如果必要，改革应该在早期进行，否则，当危机出现时，人们就会把剧烈的革命当作合法的、天经地义的事情。而在危机爆发期间，人们会被激情所左右，从而导致对社会的破坏。剧烈的革命会为某种类型的制度变革提供可能，这类变革从根本上“改变了目标本身的性质，其合理的部分也被剔除了”[①]，而通常情况下，被激情所左右，革命会完全处在未经检验的抽象理论的控制之下，而这是很危险的。柏克强调变革应是渐进的，最好是以一种几乎为人们觉察不到的微妙方式和程度发生。这种渐变可以防止传统的断裂，可以防止贫富急剧变化所带来的双重的负面后果。

柏克不赞成法国革命中国民议会对旧有的制度与习俗全面摧毁的作法，认为那是逞一时之快，是十分有害的。他说，暴怒和疯狂在半小时之内可以毁掉的东西，要比审慎、深思熟虑和远见在100年之中才能建立起来的东西还多得多。旧制度的缺点和错误是看得见、摸得着的，并不需要有什么才能，便可以指出它们来；而有了绝对的权力，只消一句话就可以整个扫除现存的制度。然而那却是于事无补的。他引用了法国国民议会的一位领导成员德·圣艾蒂安(新教牧师，后为吉伦特党一员，1793年被送上断头台)的话：“法国的一切现存制度都加剧了人民的苦难。要使人民幸福，就必须改革这些制度：改变其思想；改变其法律；改变其道德；……改造人；改造事物；改造文字；……摧毁一切；对，摧毁一切，因为一切都要重新创造。”他认为德·圣艾蒂安的这段话曾经再清楚不过地阐释了法国革命者行动的原则。[②]

柏克指出，正确的做法应该是对旧的制度与习俗既要有所变革又要有所保留。他说：“同时既要保存又要改革，那就完全是另外一回事

① Edmund Burke. *The Works of the Right Honorable Edmund Burke*, vol. 12. Montana: Kessingor Publishing Co, 2004, p. 186.

② 参见[英]柏克:《法国革命论》，何兆武等译，商务印书馆1998年版，第218页。

了。当要保留下来旧的机构中有用的部分，并使加上去的东西适合于被保留下来的东西时，就需要我们运用富于朝气的心灵、坚定不移的注意力、各种进行比较与组合的能力以及在灵活性方面富有成果的理解力；它们是运用于在与各种相反的恶的联合力量之不断的冲突中、在与拒绝一切改进的顽固性之不断的冲突和对它所拥有的一切事物感到怠惰与厌倦的那种轻浮与草率的不断冲突中。但是你们会反对说：'这样一种进程是缓慢的。它不适于一个以几个月之内就要完成若干时代的工作为荣的议会。这样的一种改革方式可能要花费许多年。'毫无疑问它会的，而且它也应该如此。这是时间在其中可以成为助手、运作缓慢而且在某些情形下几乎是无法觉察的那种方法的优越性之一。如果说当我们是对无生命的物体进行工作时，周密与审慎乃是智慧的一部分的话，那么当我们所要拆除和建造的主体并非是砖石木材，而是有知觉的生物时——由于他们的处境、条件和习惯的突然改变，大批的人就可能沦于悲惨的境地——周密和审慎就确乎成为了责任的一部分。"[①]柏克进一步指出，好的立法者应该是周密和审慎的，同时具有一颗敏锐的、富于感受力的心。他应该热爱和尊重他的同胞，又警戒自己的言行与决策。"他的资质可以使他凭直觉的一瞥就把握住他最终的目标；但是他对这一目标的行动则应该是深思熟虑的。"[②]

柏克认为，发动一场革命如果不是为了阻止某个暴君或一群暴君的下列行动，如侵犯宪法自由、侵犯国家根本法律、侵犯公民在数世纪中所获得的权利等，而是作为与历史的一种决裂，那么这场革命就应当受到谴责。与此相反，重新发扬与确认古已有之的自由原则的保守性革命，则是有益的变革。比如在斯图亚特王朝英国王室不断扩张王权，侵害了早已由1215年《大宪章》所阐发的贵族与市民阶级的权利和自由，而"光荣革命"重新确立了这种权利和自由，因而在柏克看来，

---

① [英]柏克：《法国革命论》，何兆武等译，商务印书馆1998年版，第219页。

② [英]柏克：《法国革命论》，何兆武等译，商务印书馆1998年版，第219页。

这是有益的变革。与此相反，法国人以抽象权利的名义发动革命，完全摧毁了他们长期以来传承下来的制度与传统，这种变革是破坏而不是创造。由于这场革命，法国正在走向一种与暴政有着许多相似之处的制度。①

正是在这个意义上，柏克对法国人提出了建议和忠告："假如你们缺乏自信，不能清晰地分辨你们祖先的几乎已经被忘却了的宪法，你们却观看到了你们在这个国土(指英国)上的邻人，他们还活生生地保留着欧洲古习惯法的古老原则和典范，只是加以改善以适应于现在的状态而已——你们遵循着明智的范例，就会向全世界作出新的智慧的范例的。你们就会使得自由的事业在每一个民族的每一个可尊敬的心目之中或为尊贵的东西。由于表明了自由不仅能与法律相调协，而且当其规范得良好时还是有助于法律的，你们就会耻于大地之上的专制主义了。你们就会享有一种非压迫性的、而是一种生产性的税收。你们就会享有一种繁荣的商业来培育它。你们就会享有一部自由的宪法；有一个强大的君主制；有一支训练有素的军队；有一个改革了的和受人敬重的教士阶级；有一种心平气和而精力充沛的贵族来领导(而不是来扼杀)你们的德行；你们就会有一个自由的平民阶层来竞相模仿并充实那种贵族；你们就会有一族受到保护的、心满意足的、勤劳而驯服的人民。"②

综上所述，柏克之所以拥护英国革命和美国革命，却又反对法国大革命，主要是为了维护贵族制度以及贵族和资产阶级财产权。英国革命和美国革命都着眼于对抗英国王权，从而维护英国和北美殖民地资产阶级和土地所有者的财产权，而柏克却以他极为敏感的政治嗅觉预见到法国大革命最终将危及上层社会，包括资产阶级的财产权。柏

① 参见徐大同主编：《西方政治思想史(16～18世纪)》第3卷，天津人民出版社2005年版，第552～553页。

② [英]柏克：《法国革命论》，何兆武等译，商务印书馆1998年版，第48页。

克的论点是在偏见中兼有着洞见。他的偏见在于他对贵族制度的维护和对民主制度的反对。而他的洞见则在于对传统思想文化与习俗之价值和意义的分析与肯定。关于这一点我们将在下面进行较详细的分析。

第五章　柏克政治思想的评析及其现实启示

一、理论实质及其局限性

柏克既是保守主义的先驱，又是一位浪漫主义者。在他的思想中可以说是偏见与洞见并存。他的偏见在于他对贵族制度的维护和对民主制度的反对。而他的洞见，往往是产生自他站在浪漫主义立场上对启蒙思想之缺陷的批判。

柏克十分强调传统思想、文化与习俗的重要性。针对许多启蒙思想家们的极端反传统主义（radical anti-traditionalism），他指出仅靠理性不足以规范人们的行为和维护社会的秩序与和谐，所以必须由承载着道德规范的传统思想与习俗来制约人们的欲望和冲动。他认为，任何一个时代的人们都不可能独立地创造一整套关于真理和正义的观念体系，以及规范整个社会道德、政治和经济生活的典章、制度和准则。而这一切观念体系、典章制度和准则，都必须是人们在悠远的历史长河中逐渐形成、积累并世代相传的产物。因此，他认为明智的做法不是去全盘否定、颠覆传统思想，而是从传统思想中汲取营养、发掘智慧，再辅之以理性，使之成为维系社会健康地生存和发展的建设性的力量。没有传统思想和习俗这种教化的、建设性的力量和因素，一个社会要想免于解体的命运，就只有诉诸专制与强力的统治，从而使天下失道，造成悲剧与苦难。传统是至关重要的，因而需要敬畏与呵护。传统的形成往往需要世代的培育，而且她又是脆弱的，易于受到损伤。他警诫人们，一旦传统发生了断裂，那将是很难修复的。如果人们失去了对传统思想与习俗的尊重和敬畏，他们将在欲望和冲动的驱策下恣意妄为、以强凌弱、骄纵横行，那么将会出现“礼崩乐坏”的乱象，甚至造成社会的解体。这些均是柏克的洞见。

柏克反对启蒙时代欧洲盛行的、将个人与社会相割裂的个人主义，认为社会的生存和发展及每一个社会成员的福祉，都有赖于个体对于群体的依附和归属。进一步讲，国家与社会不仅有责任和权利从物质方面来增进个人的福祉，同时还有责任和权利对每个社会成员在道德方面进行教化，而每个个人也有道德的义务和责任来使自己的行为符合国家与社会的法律与道德的规范和要求。这样就使得所有的社会成员之间，所有的个人之间形成一种兄弟和伙伴的关系，形成一种世代相传的公序良俗。这些都是他思想中的深刻与闪光之处。

“审慎”或“政治理性”是柏克所阐发的一个重要的政治学概念。柏克反对那些一切从抽象的原则出发的政治上的教条主义者(doctrinaires)。他主张不仅要注重理想的目标，而且要注重实现政治目的的具体环境、条件与策略。柏克指出，正因为对特定政治目标的追求受到种种历史条件及各种社会利益冲突的制约，所以在追求政治目标实现的过程中妥协(compromise)是极为重要的。政治理性的特有性质决定了仅靠个人的智慧是难以避免错误发生的，这就要求不同人的思想与智慧的合作，而这同时也决定了妥协与平衡的必要。妥协与平衡可以防止鲁莽的改革与独断专行。柏克的这一思想也是十分深刻的。

作为一个辉格党派的政治家与思想家，柏克一直坚守 1688 年“光荣革命”以来的老辉格党人反对暴政、爱好自由、珍视宪政的精神原则。他坚决地主张宪政，主张以议会制度来限制王权，以防止专制、腐败和权力的滥用。柏克赞同光荣革命对王权的打击与削弱，认为它剥夺了国王的许多特权，建立了不同权力之间的制约与平衡，取得了伟大的成就。可是当时国王乔治三世及其党羽们却要极力打破这种制约与平衡，试图通过贿赂和腐蚀来实现“王在法上”，宸衷独断。一旦国王和一些推波助澜的佞臣们得逞，宪政以及合乎法律与理性的政治生活将会遭到全面的破坏，乃至重新出现专制统治，加之腐败蔓延，整个国家和社会将陷于混乱和动荡之中。在王权的收买与贿赂面前，国会的议员们被腐蚀，他们的人格被扭曲，原则被出卖，以致王室的任何图谋都可以得逞，专制政权的目标得以实现。一切事情都得按照君主的偏爱和喜好来办。所以柏克愤怒地指出，君主的好恶决定着朝臣的进退，官员个个变得奴颜婢膝，任何法律制度都被弃之不顾。柏克认为，要有效地制约王权，就必须依靠坚强有力的政党。只有依靠坚强有力的政党，才能够有效地同维护君主专制的腐败势力相抗衡。柏克力主宪政的有关思想也有着积极进步的意义。

柏克是一个杰出的政治思想家，但他的思想中也包含着偏见与局限。他的偏见与局限主要表现在他主张贵族制而反对民主制。柏克把那些出身高贵、拥有财产和能力的贵族阶层称为“天然贵族”，认为他们能够受到良好的教育，有足够的智慧，能够代表人民承担管理国家的重任。贵族的另一个优越之处是拥有财产。对人性来说，财产有一种难以抗拒的诱惑力，而有产者则不易于因金钱的诱惑而腐败堕落。因此，作为国家的统治者就必须拥有一定的财产。柏克深知英国社会财产占有的不平等，因此他认为，“天然贵族”身上那些依靠继承获得的财富、地位和声望会成为他们行使权力的优越条件和有力保障。

柏克所主张的宪政在本质上乃是贵族制的宪政。而与此相伴的，是他对民主制度的不信任乃至反对。他认为人性是热衷于权力的，由于人性有这样的弱点，所以实行民主制度实际上是让人们都放纵自己的欲望去追逐权力，从而导致权力的滥用，甚至导致多数人对少数人的暴政。所以柏克并不信任大众有行使民主权利、管理国家的能力，他反对让广大下层社会的劳动人民获得选举权。他主张政府的存在应该是为了人民的利益，但是却反对由人民直接参与管理国家。

柏克是一个仰慕和向往着贵族阶层的资产阶级的代言者。他拥有相当可观的田产，并以资本主义的生产方式经营他的庄园。他崇尚上帝的权威，强调对自然法的敬畏，但他的自然法并不要求对自我利益和私欲的超越，因为他坚信对于自我利益、对于私欲的肯定和喜好都是合乎自然的。尽管柏克一生都未能跻身于贵族阶层，但他对于那样的地位和境界是虽不能至、却心向往之，这与卢梭甘心做一个边缘人物是完全不同的。他既要维护传统等级制的政治与社会秩序，又坚信资本主义经济制度的正当性和必要性。因此，维护上层阶级的财产权，是柏克所关切的一个焦点。

他之所以拥护英国革命和美国革命，而又激烈地反对法国大革命，最主要的也是根源于他对贵族制以及贵族和资产阶级财产权的维护。英国革命和美国革命都着眼于对抗英国王权，从而维护英国和北美殖民地资产阶级和土地所有者的财产权，而柏克却以他极为敏感的政治嗅觉预见到法国大革命最终将危及到上层社会，包括资产阶级的财产权。这里我们将着重评价一下柏克对于法国大革命的观点和立场。

我们在上一章已经介绍了柏克对于法国大革命的尖锐批评。与柏克的保守主义立场针锋相对的，是托马斯·潘恩站在激进主义立场上对于法国大革命的肯定与赞扬。潘恩在英国出生和接受教育，中年时为加入北美革命来到美国。他是第一位现代国际主义者，是为正义与人民权利而战的斗士。潘恩与柏克本是相识的，也有一定的友情。

然而，当柏克于1790年发表了《法国革命论》，为君主立宪的贵族制度辩护，对法国大革命进行激烈的抨击时，正在法国的潘恩为了捍卫法国人民革命的原则，发表了《人权论》，对柏克的观点给予了尖锐的批驳。

与拥护英国贵族制的柏克不同，潘恩反对英国以君主立宪为形式的贵族制度，他认为，君主政体的存在是当代人的缺陷与失误造成的，而世袭制则构成了对后世子孙的无穷遗患。世袭制会为愚人、恶人和卑鄙佞臣打开通向权力之门(有如中国古代的宦官与外戚干政)，结果使民众成为这形形色色恶棍手中的牺牲品。更为严重的是，世袭制会使王室成员为争夺王位继承权而引起战争杀戮，给社会与百姓带来苦难。

潘恩还进一步指出，英国制度的根本谬误在于所谓的"混合的贵族政治"。议会下院的设立是较低层贵族们与国王斗争的结果，它应该为普通人民代言，但在现实中人民的权利却不能免于被王权侵夺。在历史的斗争中产生了英国权力制衡的机制，议会和国王在理论上应当相互制衡。然而在现实中，由于国王是土地和薪俸的发放者，因此，在这场政治斗争中，议会并不是王权的对手。

因此潘恩指出，英国和法国一样，国王的意志就是国家的法律，不同之处只是在于，英国国王的法律不是他亲口说出，而是以议会法案的形式传达给人民的。所以英王查尔斯一世在革命中被处死的命运，只不过是使后来的国王们更加小心谨慎而已——而不是使他们更加公正。

针对柏克指责法国人民在革命中处死了一个"温良合法"的君主的观点，潘恩给予了有力的批驳。他指出：法国人民反对的不是路易十六，而是反对政府的专制原则。在他看来，法国的专制主义有着悠久的历史，已经深入法国社会的各个方面，每一个地方都有它的巴士底狱，对于法国这种通过无穷无尽的机构来压迫人民的专制统治的弊端,积重难返,是毫无办法纠正的。路易十六的确具有一种温良的秉性,但这丝毫无助于改变君主专制的传统,历代专制王朝的一切苛政在每一代王权继承者的手中重演。潘恩总结上述分析提出,在其他欧洲国家发生过的革命是由私人仇恨激起的,而法国革命却将个人恩怨与原则区分开来,是从对人权的合理考虑中产生的革命,这正是法国革命的伟大和光荣之处。

潘恩认为人民革命是铲除封建君主制度的主要和唯一的方法。如果没有革命的震荡,人类社会就永远不能沿着进步的道路发展。潘恩还认为,革命必须有广大群众参加,才能胜利。使广大群众参加革命的方法,在于使人们充分认识到"革命赖以进行的原则以及革命带来的好处"。他进一步指出,不能指望每一个人都能同时接受革命原则,较早觉悟的人不应该迫害觉悟较迟的人,而应采取教育的方法。重视教育、启发人的理性,这是潘恩与启蒙思想家共有的特征。潘恩主张通过教育帮助人民认清自己的利益和需求,从而发动人民自觉地参加革命斗争。比起其他的启蒙思想家仅仅希望通过教育来净化人们的心灵、提高人们的道德水准,进而达到改善社会的思想和理论,潘恩的思想无疑要激进得多。[①]

柏克反对启蒙学者的社会契约论,认为国家政治制度不是源自某一代人的抽象的理性设计,而是源自历史和传统。他论证说,继1688年革命之后,英国人民通过立法代表签署了一项严肃契约,使"自己、子女和永久的后代"接受一些特定条件的约束;无论是在法律上还是在正义上,他们无论哪一代人都不能随便改变这些条件,除非经签约双方同意。柏克所指的是英国议会在"光荣革命"之际向来自荷兰入主英国的威廉和玛丽所作的声明。在这个声明中,上、下两院议员们以全体人民的名义向威廉和玛丽表达了他们自己乃至子孙后代永远

① 参见徐大同主编:《西方政治思想史》,天津教育出版社2000年版,第208页。

忠顺之意。柏克意在以此证明英国人民、乃至法国人民没有进行推翻国王统治的革命的权利。

对此，潘恩指出：人人生而自由、平等是人的不可转让的权利；每一代人同前一代人在权利上也是平等的。“在任何国家里，从来不曾有，从来不会有，也从来不能有一个议会，或任何一类人，或任何一代人，拥有权利或权力来永远约束和控制子孙后代，或永远规定世界应如何统治，或由谁来统治”①；人不能以他人为私产，任何世代也不能以后代为私产；每一代人都要符合那个时代而且必须符合那个时代的要求，要适应的是生者，而不是死者。潘恩进一步指出，在某一世代制定的法律，尽管经历好几代还继续生效，是因为它得到活着的人的同意。“一项未被废除的法律之所以继续有效，并不是因为不能将它废除，而是因为它未被废除，而未被废除就可被认为是得到了同意。”②

如果说柏克对法国大革命的立场和观点是保守主义的，那么潘恩的立场和观点就是激进主义的，而法国著名历史学家托克维尔对于法国大革命的评论则是介于保守主义和激进主义之间了。

托克维尔(1805～1859)指出，法国大革命“决不是一次偶然事件。的确，它使世界措手不及，然而它仅仅是一件长期工作的完成，是十代人劳作的突然和猛烈的终结。即使它没有发生，古老的社会建筑也同样会坍塌……只是它将一块一块地塌落，不会在一瞬间崩溃。大革命通过一番痉挛式的痛苦努力，直截了当、大刀阔斧、毫无顾忌地突然间便完成了需要自身一点一滴地、长时间才能成就的事业。这就是大革命的业绩”③。在深入研究了旧制度的权力结构之后，托克维尔发现，旧制度乃是向今天人们所说的“现代性”过渡的转型阶段，是两种体制的复合体，一方面是日益衰落的中世纪封建制度的残余，另一方面是

① 徐大同主编：《西方政治思想史》天津教育出版社2000年版，第210页。
② 徐大同主编：《西方政治思想史》，天津教育出版社2000年版，第210页。
③ [法]托克维尔：《旧制度与大革命》，冯棠译，商务印书馆1992年版，第60页。

不断强化的中央集权制。正是这种社会转型不仅没有缓解反而加剧了法国社会的基本矛盾,促成了大革命的爆发。

有一点托克维尔与柏克不同,或者说他更倾向于激进主义,那就是他同情民主制,因而肯定大革命的民主成果,认为平等、民主等信条"不仅是法国革命的原因,而且……是大革命最基本的业绩,论时间,则是大革命最经久最实在的功绩"①。

托克维尔的大革命史观继承了以基佐等为代表的自由主义史学传统,也就是说,对法国大革命既有肯定又有批评。基佐(1787～1874)是法国政治家与历史学家,尽管他的父亲死于大革命的断头台,但是基佐认为,法国大革命是可怕但合法的战斗,它是权利与特权之间的战斗,是法律与非法专横之间的战斗;唯有大革命自己才能提出节制革命的任务,也唯有大革命自己才能提出使革命纯洁化的任务。他是站在同情法国大革命的立场上来批判、检讨大革命的。托克维尔在他的名著《论美国的民主》中就曾肯定了"伟大的民主革命"的必然性,强调应该在民主的基础上并通过民主的方式来保障自由。② 刘北成指出,基佐等是用阶级斗争来解释历史连续性和必然性的观念,认为法国大革命是阶级斗争的结果。③ 基佐指出:"从社会和我国各阶级关系的角度看,被称为第三等级的那个阶级不断成长、壮大。其他阶级起初被它所改变,而后被超越,最终则被融化吸收了。"④与基佐相同,托克维尔也表示:"我谈的是阶级,唯有阶级才应占据历史。"⑤

托克维尔认为,中央集权制的发展造成法国阶级分化的加剧,使

---

① [法]托克维尔:《旧制度与大革命》,冯棠译,商务印书馆 1992 年,第 46 页。

② 参见[法]托克维尔:《美国的民主》,董果良译,商务印书馆 1988 年版,第 4 页。

③ 参见刘兆成:《论柏克的保守主义思想》,《北京师范大学学报(社科版)》1993 年第 3 期。

④ [法]阿·索布尔:《法国大革命史论选》,王养冲编,华东师范大学出版社 1984 年版,第 188 页。

⑤ [法]托克维尔:《旧制度与大革命》,冯棠译,商务印书馆 1992 年版,第 158 页。

法国社会变成一点即炸的火药桶。贵族的种种免税特权不是中世纪的遗存,而是中央集权制发展的结果。王权逐渐剥夺了贵族的政治权力,但是,为了安抚与王权对立的贵族阶级,作为一种交换,“自15世纪到法国革命,免税特权一直不断增长”。贵族享有的各种特权,尤其是免税特权,加剧了资产者与贵族之间的不平等和互相对立。同时,为了获取免税特权,资产者设法住进城市并在城市中获得职位,这就导致了资产者和农民的分离。农民成了被遗弃的阶级。不仅其他阶级都离弃农民,而且政府对农民极其冷酷无情:把各种捐税徭役负担强加给他们,以严酷的司法对待他们。各阶级之间彼此隔离的恶果,一方面是“再也组织不起什么力量来约束政府;(但)也组织不起什么力量来援助政府”[①],也就是说,政府实行分而治之,最后陷入孤家寡人的境地;另一方面是分裂的不同阶级彼此形同路人,甚至成为仇敌,“在被重重障碍长期隔绝之后彼此重新接触时,他们首先触到的是他们的伤痛处,他们重逢只不过是为着互相厮杀”[②]。

美国著名的历史学家、曾经获得普利策奖的名著《美国思想史》一书的作者帕灵顿(Vernon Louis Parrington)从另一角度谈到法国大革命的意义。他指出,法国大革命对西方世界产生了创造性的影响,促进了美国生活和制度的民主化进程。法国革命广泛传播平等的精神,破灭了汉密尔顿等“君主立宪者”试图在美国建立君主制的最后一线希望。它还使民主理想广为流传。在法国大革命之前,美国的上层社会一直奇怪地拒斥“民主”这个概念,甚至塞缪尔·亚当斯也不得不出于权宜之计拒绝使用该词,而在激进派中,几乎没有人敢公然宣布自己是民主派。民主被等同于无政府主义,等同于多数人的暴政。但由于法国大革命的影响,这种旧的观念被迅速荡涤,自由派接受了民主,

① [法]托克维尔:《旧制度与大革命》,冯棠译,商务印书馆1992年,第171页。
② [法]托克维尔:《旧制度与大革命》,冯棠译,商务印书馆1992年,第145页。

将其作为美国政体的最终形式。[①]

帕灵顿指出,通过把社会理想主义灌输到政治理论之中,法国大革命不仅高扬了民主理想,而且还产生了新的政治哲学。这些新哲学在革命热情的鼓舞之下在美国得到了空前的广泛传播,直接吸引了仍然被剥夺了政治权利的大多数人,唤醒了他们的政治意识,整个国家也鲜明地分化成左翼和右翼。在法国大革命期间,英国向法国宣战,联邦主义者站在英国一边,猛烈抨击民主运动,民主派成为法国的盟友,以真正的共和热情痛斥法国的贵族分子。美国从未产生过如此高涨的政治热情,甚至在美国革命的最初岁月里也未曾有过;政治思想也从未像现在这样深入普通民心。从这种愈加高涨的热情中产生了一些对民主运动至关重要的结果:不仅阻碍了美国贵族封建主义进一步的扩展,而且还瓦解了倡导贵族封建主义的理论和学说。[②]

马克思对法国大革命提出了比前人更为深刻的见解。如果说复辟时期的资产阶级历史学家如基佐等也曾指出,1789 年的法国革命是一场阶级斗争,即第三等级反对特权等级的斗争,那么马克思并没有停留在这一点上,而是进一步揭示了这场革命的具体特征与实质。

首先,马克思指出,法国资产阶级在革命中往往把本阶级的利益与人民群众的普遍利益等同起来。他说:“每一个企图代替旧统治阶级的地位的新阶级,就是为了达到自己的目的而不得不把自己的利益说成是社会全体成员的共同利益……它之所以能这样做,是因为它的利益在开始时的确同其余的一切非统治阶级的共同利益还多少有一些联系,在当时存在的那些关系的压力下还来不及发展为特殊阶级的特殊利益。因此,这一阶级的胜利对于其他未能争得统治的阶级中的

① 参见[美]沃浓·路易·帕灵顿:《美国思想史:1620～1920》,陈永国、李增、郭乙瑶译,吉林人民出版社 2002 年版,第 280 页。

② 参见[美]沃浓·路易·帕灵顿:《美国思想史:1620～1920》,陈永国、李增、郭乙瑶译,吉林人民出版社 2002 年版,第 281 页。

许多个人说来也是有利的。"[①]然而,马克思又指出,随着革命不断地向纵深发展,"非统治阶级和取得统治的阶级之间的对立也发展得更尖锐和更深刻。这两种情况使得非统治阶级反对新统治阶级的斗争在否定旧社会制度方面,又比起过去一切争得统治的阶级要更加坚决,更加激进"[②]。这段话深刻地揭示了法国大革命中资产阶级既要吸引下层人民参加革命、又害怕人民革命的怒火最终会烧到他们自己头上的两面性,也揭示了为什么最终资产阶级与下层人民的联盟破裂,而导致了革命的悲壮结局。

马克思在批判布鲁诺时指出:"资产阶级在1789年革命中的利益绝不是'不成功的',它'压倒了'一切……这种利益是如此强大有力,以至顺利地征服了马拉的笔、恐怖党的断头台、拿破仑的剑,以及教会的十字架和波旁王朝的纯血统。只有对那样的群众来说革命是'不成功的'……他们获得解放的现实条件和资产阶级借以解放自身和社会的那些条件是根本不同的。……对不同于资产阶级的绝大多数群众来说,革命的原则并不代表他们的实际利益,不是他们自己的革命原则,而仅仅是一种'观念',因而也仅仅是暂时的热情和表面的热潮之类的东西。"[③]

马克思在这里揭示了法国大革命的另一个特征,这是由上述特征派生出来的,那就是:资产阶级往往"赋予自己的思想以普遍性的形式,把它们描绘成唯一合理的、有普遍意义的思想"[④]。马克思在这里指的是自由、平等、民主和人权这类思想和观念。

马克思认为,在资本主义社会,"任何一种所谓人权都没有超出利己主义的人,没有超出作为市民社会的成员的人,即作为封闭于自身、

① 《马克思恩格斯全集》第3卷,人民出版社1995年版,第54页。

② 《马克思恩格斯全集》第3卷,人民出版社1995年版,第54页。

③ 《马克思恩格斯全集》第2卷,人民出版社1995年版,第103~104页。

④ 《马克思恩格斯全集》第3卷,人民出版社1995年版,第54页。

私人利益、私人任性、同时脱离社会整体的个人的人”[1]。在马克思看来，法国大革命所建立的国家成了维护这些利己主义的人权的手段。

在这种逻辑的支配下，历史演进的结果是，无论是拿破仑的“恐怖主义”，还是波旁王朝的反革命，都不能阻挡资本主义社会发展的趋势。“1830 年自由资产阶级终于实现了它在 1789 年的愿望，所不同的只是……他们不再认为争得立宪的代议制国家就是致力于挽救世界和达到全人类的目的，相反地，他们把这个国家看作自己的排他的权力的官方表现，看作自己的特殊利益的政治上的确认。”[2]这就是说，资产阶级的最终目的是要实现本阶级的统治。

法国大革命是继 17 世纪英国革命和 18 世纪美国独立战争后的一次更彻底、更深刻的资产阶级革命。它从根本上推翻了封建制度，确立了资产阶级政权。这个政权打退了国内外反革命的进攻，用民主的方式解决了农民的土地问题，为建立工业资本主义国家奠定了基础。[3] 然而，在马克思看来，法国革命也表现出了它的局限性。他认为，法国革命作为一场政治革命只是使一个特定的阶级获得解放，而不能使整个社会获得解放。他说：“部分的纯政治的革命的基础是什么呢？就是市民社会的一部分解放自己，取得普遍统治，就是一定的阶级从自己的特殊地位出发，从事整个社会的解放。”[4]这个特定的阶级就是指的资产阶级。而要靠资产阶级来解放整个社会，只能是一种幻想，因为“革命的政治精神就在于没有政治地位的阶级渴望着消除自己被排斥于国家和统治之外的这种孤立状态。……具有政治精神的革命就适应着这种精神的狭隘的、二重的本性，靠着牺牲社会本身

---

① 《马克思恩格斯全集》第 1 卷，人民出版社 1995 年版，第 439 页。

② 《马克思恩格斯全集》第 2 卷，人民出版社 1995 年版，第 158 页。

③ 参见周一良、吴于廑主编：《世界通史近代部分》(上)，安徽人民出版社 1973 年版，第 169 页。

④ 《马克思恩格斯全集》第 1 卷，人民出版社 1995 年版，第 463 页。

的利益,在社会上组织起一个统治阶层出来"①。也就是说,资产阶级革命只能达到资产阶级的政治解放,造成"普遍利益和私人利益的这个冲突,政治国家和市民社会的这个分裂"②。

参照以上几种对法国大革命的评析,尤其是站在马克思主义的立场和观点来评价柏克的法国革命论,就会使人感到柏克对法国大革命的批评是有问题的。那么应如何来评价柏克的观点呢?与前面对于柏克思想的总体分析相一致,我们认为柏克对法国大革命的批评同样是在偏见中兼有洞见。

二、柏克政治思想对西方保守主义思潮和英美政治实践的影响

(一)对西方保守主义政治思潮的影响

柏克是近现代政治保守主义的奠基人,他提出了保守主义的一般原则,这些原则主要包括:(1)历史是一个连续的过程,秩序是政治社会得以存在和发展的基础。(2)宗教和体现正义的道德律的传统是社会存在的纽带。(3)主张以维护既存基本政治制度为前提的渐进式改革。(4)人的有限理性要依靠保留下来的传统经验来完善。(5)强调社会整体和道德对个人自由实现的重要性。(6)反对平等和国家干预,拥护精英统治和自由放任的市场经济。近现代的许多保守主义思想家都分别从不同的侧面继承和丰富了这些思想原则。

自柏克之后,在19世纪的欧洲有三个不同的思想流派分别受到柏克思想的影响。

其一,法国的正统主义。其属于保守主义的右翼,创始人和主要代表是两位法国贵族德·梅斯特尔(1753~1821)和德·波纳德(1754~1840)。他们批评法国大革命,认为它毁灭了思想文化和社会秩序,造成了无政府状态;同时他们也批判近代资本主义社会日益严重的自

① 《马克思恩格斯全集》第1卷,人民出版社1995年版,第488页。
② 《马克思恩格斯全集》第1卷,人民出版社1995年版,第429页。

私自利倾向。他们要求恢复革命前基督教会和王权相结合的封建专制制度。

其二，具有浪漫主义倾向的保守主义流派。其成员为一批支持贵族和君主制度的知识分子，主要代表有德国的诺瓦利斯（1772～1801）、弗里德里克·冯·施莱格尔（1774～1829）、亚当·穆勒（1779～1829）及英国的萨缪尔·泰勒·柯尔律治（1772～1834）和托马斯·卡莱尔（1795～1881）等。他们注重传统和历史的连续性，反对社会革命；倡导精神的绝对自由，反对过分强调个人权益的个人主义，认为个人献身于整个国家和社会的事业是实现自由的唯一途径。他们反对理性，主张用人的情感、情绪和激情来体验和表现现实。在政治问题上，他们主张由中产阶级知识分子来主导国家的政治生活。

其三，温和的保守派。其代表人物为威廉·科贝特（1763～1835）、亨利·梅因（1822～1885）、威廉·莱基（1838～1903）、本杰明·孔斯坦（1767～1830）和托克维尔（1805～ 1859）。他们的思想带有贵族主义色彩，但又比前两派务实与变通。他们推崇法治和议会民主，主张以妥协、温和的手段调解社会冲突。他们厌恶近代工业文明所带来的弊端，却又避免直接与之对抗。这一派是早期保守主义的主流。

直到 20 世纪初期，柏克的保守主义原则仍然被保守主义者们所推崇。20 世纪保守主义的发展分为三个阶段。第一阶段是 20 世纪初到第二次世界大战前后。这时期的保守主义思潮主要是主张维护传统的思想与习俗，坚持自由放任主义，反对经济领域的国家干预，主张政治方面的精英主义。这一时期的保守主义主要有两派人物。一派以意大利的莫斯卡和帕累托为代表，他们认为政治家、艺术家、学者和企业家是杰出人物，这些人物应该主导西方的政治生活。二是以英国的保守党政治家休塞西尔为首的保守主义流派。塞西尔是英国保守党在 20 世纪初的重要理论家。他在《保守主义》一书中对柏克的保守主义思想原则作了新的阐发。他提出要尊重权威和现实的制度与秩序,审慎对待变化,维护国家团结和英国的地位,他的思想体现了20世纪初保守主义的基本特征。

第二阶段是第二次世界大战前后到20世纪60年代末70年代初。这一时期是新自由主义的盛行时期。与此相应,正是新保守主义潜心研究、酝酿和提出对新自由主义的批判,构建理论体系的时期。当代许多新保守主义者都是在这一时期形成观点、崭露头角的。传统的保守主义在某种程度上对资本主义制度抱有一定的敌视态度,对旧的制度怀有一定的眷恋之情。随着资本主义制度的不断完善和发展,以柏克为代表的传统保守主义逐渐失去了其价值,因为这种保守主义所推崇的等级制度和贵族政治,越来越不受人们的欢迎,同时,随着个人主义思潮的兴起,它所坚持的集体或国家先于个人的原则,也受到了很大的冲击和挑战。在第二次世界大战前后,这种传统的保守主义已经终结了。但是,这并不意味着保守主义作为一种思潮已经退出了历史舞台,相反,只是意味着传统的保守主义的某些具体的信条已经不适应时代的要求,需要进行重建,传统保守主义的基本原则没有被抛弃,而是被新保守主义坚持了下来。

第三阶段是20世纪末至今。20世纪60年代末70年代初,福利国家政策陷入困境,西方主要国家爆发了严重的经济萧条,引发了大量的社会问题。新自由主义的理论和政策遭到了挑战。此时,新保守主义兴起,并且迅速蔓延,成为在西方国家占主导地位的政治思潮。主要代表人物有英国籍奥地利政治思想家哈耶克(Friedrich August von Hayek,1899～1992),美国弗里德曼以及布坎南、诺齐克等。这几位也都是著名的经济学家。这一时期,新保守主义的主要特点是:把亚当·斯密等倡导的自由放任主义同保守主义结合在一起,反对主张国家对经济进行干预的新自由主义的基本理论和政策。

这里我们以塞西尔与哈耶克的思想为例,来分析柏克对20世纪保守主义思想的影响。

20 世纪初期，英国保守主义最著名的代表是休·塞西尔，他于 1912 年出版的《保守主义》一书，被公认为英国保守党的重要理论著作之一。塞西尔非常推崇柏克，认为柏克所概括的一些重要原则仍然是英国托利党和保守派反对雅各宾主义的理论基础。他把柏克对法国大革命反思的思想概括为六点（这六点也是英国保守主义的思想基础）："宗教的重要性、个人权利至上、反对平等、私有财产神圣性、社会有机体、历史发展的连续性。"①休·塞西尔认为，人类天生的守旧倾向是保守主义产生的重要原因。他说："保守党的'保守主义'即现代'保守主义'，当然主要来源于和依赖于几乎在每个人心中都存在的那种天然的守旧思想。"②所以，在塞西尔看来，对新事物的怀疑和对已有的东西的熟悉和习惯是保守主义的重要思想根源。休·塞西尔还提出，审慎、守旧的思想和心理并不完全是有害的，而对进步和创新来说是有好处的，可以使之更明智有效。塞西尔从人的心理层面对柏克保守主义思想作了论证，其政治思想对英国保守主义的思想发展和传播产生了重要作用。

此外，涉及保守主义、自由主义与社会主义这三种主要的政治思想与政治制度（政治实践），塞西尔认为，作为一种政治思想体系而论，它与这二者并不截然对立。就与自由主义的关系而言，保守主义决不反对自由，这是因为，一方面，保守主义尊重既成的制度，而自由的原则已经是英国的立宪制度的宗旨；另一方面，保护个人的权利这一保守主义的原则同时也是自由的灵魂。但是保守主义明确反对法国式的激进自由主义。至于保守主义与社会主义的关系，塞西尔指出，保守主义在进行社会改革时，至少是同情社会主义的某些目标的。也就是说，在同情贫穷者这一道德目标上，保守主义与社会主义可以说是

① [英]休·塞西尔：《保守主义》，杜汝楫译，商务印书馆 1986 年版，第 30 页。
② [英]休·塞西尔：《保守主义》，杜汝楫译，商务印书馆 1986 年版，第 2 页。

一致的，但是它坚决反对社会主义的平均财产的实践，坚决维护个人、教会及其他社会团体的财产权。

柏克的思想原则对20世纪社会哲学家哈耶克同样有着深刻的影响。哈耶克是英国知名经济学家和政治哲学家，以坚持自由市场资本主义、反对凯恩斯主义而著称。哈耶克在1974年和他理论的对手贡纳尔默达尔一同获得了“诺贝尔经济学奖”，以“表扬他们在货币政策和商业周期上的开创性研究，以及他们对于经济、社会和制度互动影响的敏锐分析”。1991年，哈耶克获得“美国总统自由勋章”，以表彰他在学术与思想方面的杰出成就。

柏克和哈耶克在传统的价值、政府的职责、道德的本质和宪政等问题方面具有十分相近的看法。柏克深深尊重甚至可以说敬畏英国的宪政。他敬畏宪政，是因为他认识到那是英国人“传统的、无可争辩的法律和自由”的根基。他知道这“自由的宝藏”并不天然就是公正的，但却是历史和进化来之不易的产物。而柏克对宗教的虔敬更深化了他对人类社会的敬畏态度。

哈耶克完全秉承了柏克对传统和社会的敬畏，只不过哈耶克的敬畏不是出于宗教信念，而是出于对个人自由的呵护和对知识进步的渴求。哈耶克像柏克一样，相信他所珍爱的自由制度是在历史的演进过程中出现的，有赖于深深隐含在传承的传统和制度之内的思想与习俗的精华。可以说，哈耶克的目标就是发展与完善柏克的思想，为柏克的保守主义政治思想提出科学的支持，并证明其对于历史地生成的文化传统的尊崇是确当的，更详尽地解释为什么以及在何种意义上个人是愚蠢的，而人类的群体却是富有智慧的。哈耶克深深地为柏克的精微见解所吸引和影响。柏克认为社会传承的规则和制度体现了前人累积的知识和经验，而哈耶克则把这一洞见发展为一种深入细致的文化演进理论。他的主要观点是：文化演变的过程完全依赖一代代人们不断地吸收和传承文化遗产。在哈耶克看来，传承下来的传统不仅是文明社会的基础，更是心智、理性、道德 价值、语言、感知、行为的基础，简而言之，是一切被人类与动物区别开来的习得的规则之基础。哈耶克与柏克一样，都认为那种全盘否定传统和习俗，试图在旧事物废墟上建立一个全新的社会的思想完全是对真实的社会之本质和规律的无知。①

其次，柏克尖锐地批判了许多启蒙思想家们的极端反传统主义和理性至上主义，而哈耶克不仅继承而且进一步发展了柏克的有关论点和思想。哈耶克发展了柏克几个至关重要的见解。其一，传统先于理性；其二，世代相传的社会制度体现着超越个人的智慧；其三，人们不可能仅仅依靠理性来设计一种好的社会制度。文明不是理性精神之创造物，而是由无数非理性或超越理性的价值、信仰以及传统的因素依自然的规律相互作用的产物。而哈耶克的理论成果恰恰建立在柏克关于理性之局限性的深刻思想的基础之上的。

柏克和哈耶克都是启蒙运动之理性主义的批判者。柏克认为启蒙运动是一场破坏人类思想文化的运动。让他难以容忍的是，启蒙思想家们竟然认为人类的思想可以不受任何传统与习俗的制约，他们竟然坚信可以按自己的意愿去随意地重新塑造一个社会。哈耶克则认为启蒙思想家们赋予了理性以无上的权威和无限的能力，而这在他看来构成了对文明的制度与秩序的致命威胁。与柏克一样，哈耶克认为自由制度及文明社会的生存和发展要依赖人们自觉地服从某些世代相传的习俗与规范。他说："我们的制度是一种承传的制度，它绝不是轻率匆忙的选择的结果。它是在独特的环境下，由一个民族独特的道德、文化和社会习俗构成的。一位好的爱国者和一位真正的政治家考虑的总是他如何能够最好地利用他的国家现存的素材。"②同时，他认

---

① Linda C. Raeder. *The Liberalism/Conservatism of Edmund Burke and F. A. Hayek: A Critical Comparison*. National Humanities Institute, Volume X. No. 1, 1997.

② 唐士其：《西方政治思想史》，北京大学出版社 2002 年版，第 392 页。

为这种对传统习俗和规范的服从与遵循并非完全出自理性,而在很大程度上是下意识的,是理所当然的。与柏克一样,哈耶克也警告人们,摧毁传承传统的思想、习俗和道德,也必将摧毁由其所生成和维系的人文自由主义社会。

(二)对英美政治实践的影响

保守主义随着时代的变迁发生着变化,这种变化是在柏克所确立的保守主义的一般原则基础上的发展。柏克确立的保守主义原则在西方政治实践领域产生了不可估量的影响,尤其是对英国本土和美国的影响更是延续至今。

在英国,柏克保守主义的政治原则一直作为保守党的执政原则被传承和发展着,英国的政治史可以说是一部英国保守主义思想的发展史。英国政治思想家拉斯基曾盛赞柏克,称其为英国政治思想史上最伟大的人。自柏克的保守主义理论出现到今天,英国保守主义以保守党作为其载体,随着时代发展的需要,不断地改变其政策和原则。但是,柏克创立的保守主义的一般原则却从未改变,这就是:维护传统和既成社会政治制度和秩序,强调国家的权威,主张自由放任的市场经济。

法国大革命爆发之后,柏克同代表工商业资产阶级的新辉格党决裂,其政治思想被 19 世纪的托利党传承了下来。托利党自乔治三世登基,至 1832 年的《大改革法案》(扩大下议院选民,加入中产阶级分子)通过为止,基本上掌握了筹组政府的权力。保守党正是发展于这一时期的托利党。“保守党”这一名词,最初由乔治·坎宁(George Canning)在 1820 年提出,后来由约翰·威尔逊·克罗(John Wilson Croker)在 1830 年提出建议成为党名,并最终正式获罗伯特·皮尔爵士采用。保守党随着英国社会政治经济形势的变化,在英国政治实践中不断发展着保守主义思想。

如果说柏克是保守主义在理论上的集大成者,那么将这种“有保留地变革”的原则率先在保守主义政治中自觉加以运用的,就是小威廉·皮特(William Pitt,the Younger,1759～1806)。小皮特的父亲是著名的辉格党首相威廉·皮特,但是他却从辉格党中脱离出来,并把早已偃旗息鼓的托利党重新组织起来,形成了所谓的"第二托利党",这个"第二托利党"从此在英国政坛上雄踞半个世纪。① 小皮特担任首相期间坚决维护议会政治的传统,不断地进行一系列的改革,包括财政改革,试行自由贸易的政策,以及削弱东印度公司的特权等,并一心想适当地扩大选民的范围,他正应了"保守政治之父"的称呼。然而在1785年之后,他却开始认为维持现状比"有保留地变革"更能维护传统,之后对激进改革运动进行全面镇压,这也直接导致了"皮特时代"后半期,托利党背离柏克开创的英国保守主义路线,而转到偏执、反动的立场上。

19世纪30年代,天主教解放法令和1832年改革法的通过,以及小皮特的门徒们丢弃了有保留的改革的传统,致使托利党陷于绝境,处于混乱和分裂状态。传统的托利主义缺乏一种明确的意识形态和中心政治思想。这时,领导这些人适应这种情势的是托利党代表人物——罗伯特·皮尔(Peel Sir Robert,1788～1850)。1834年,皮尔领导托利党参加议会竞选,发表著名的《塔姆沃斯宣言》,宣言不仅承认了议会改革的既成事实,还保证他代表的党上台后也要采取一种明智审慎的改革政策。这表明以皮尔为代表的新一代托利党人是在建立新的适应新情况的托利党。② 罗伯特·皮尔在对已经发生的变化和改革认可的基础上,保存了传统老托利主义的一些成分:强调有力的政府,强调法律秩序,强调维护私有财产。在皮尔执政期间,他致力于将传统的托利主义和新兴的工业化、城市化结合起来,在维护土地贵族

① 参见钱乘旦、陈晓律:《英国文化模式溯源》,上海社会科学院出版社2003年版,第156页。

② 参见钱乘旦、陈晓律:《英国文化模式溯源》,上海社会科学院出版社2003年版,第193页。

阶级利益的前提下，实行了一系列有利于新兴资产阶级的措施，引导保守主义极大地适应工业化社会发展的需要，并把封建土地贵族的托利党改造为能够容纳新兴工商业资本家利益的党。但是，皮尔始终没能调节好土地贵族与新兴的工商业阶层之间的利益和冲突，致使保守党分裂为两派，直到迪斯累利提出的1867年的第二次议会改革。

从19世纪30年代开始从政的迪斯累利(Disraeli Benjamin，1804～1881)认为英国已经分裂为穷人与富人两个彼此之间互不理解的民族，应当通过扩大选举的办法将两个民族合二为一，以振兴陷入分裂的保守党。迪斯累利在1872年的演讲中系统地阐述了保守党的三大目标：维护现存的国家制度，巩固大英帝国，改善人民的生活状况。可以看出，其中第一个目标是柏克一直强调的内容，而后两项则是迪斯累利为英国保守主义新增添的内容。迪斯累利从柏克那里继承了社会有机体的观念，反对形而上的抽象的权利观，他扩大工人阶级的选举权使其拥护有序的等级制度，使得工人阶级在"一个民族"的迷雾中承认精英统治的合法性。迪斯累利的改革使保守主义具有了新的活力，并为后来保守主义的发展奠定了基础。直到第二次世界大战结束以前，保守党理论上一直沿袭迪斯累利式的保守主义。

两次世界大战期间，保守党内部在有关国家在经济领域的作用问题上出现了严重的分歧。1938年，保守党内信奉国家干预原则的左翼领导人哈罗德·麦克米伦(Maurice Harold Macmillan)出版了一本名为《中间道路》的书，宣称要找到在"自由资本主义与彻底的国家社会主义之间的这种方案"①。麦克米伦不仅提出了财富的重新分配，以通货膨胀为手段克服经济萧条，还要求对公共事业进行国家干预，英格兰银行以及煤炭工业的国有化，立法保证工人最低工资，工会参与国

① H. Macmillan. *The Middle Way: A Study of the Problem of Economic and Social Progress in a Free and Democratic Society*. London: Macmillan Published Ltd. 1966, p.10.

家经济计划等主张。其通过协调各种不同的利益找到了新情况下使英国继续发展的思想。这也是对自由放任的资本主义的一个极大的修正,也使得工党和保守党在某种程度上达成了共识,这种共识一直持续到70年代。

到了70年代末,英国社会出现了新状况,其经济开始陷入走走停停的困境,同时,英国工会力量壮大和国家权威的下降,保守党内出现了不同的呼声,形成了左、右两翼。左翼要求继续加强对经济的国家控制,右翼要求自由市场的资本主义。最终,认同右翼的撒切尔夫人(Margaret Hilda Thatcher,1925～2013)当选为保守党领袖。撒切尔夫人进行了一系列的社会改革,其政治主张体现为:在经济领域减少国家干预措施,政治领域则加强国家权威。其重视传统、社会调和、国家权威及爱国主义等传统保守主义的精神实质没有变化,这也正体现了柏克保守主义基本原则的回归以及经济上的古典自由主义和政治上的传统保守主义的结合。撒切尔夫人下野之后,保守党接连在大选中失败,仅有短暂的执政期,直到2010年保守党领袖卡梅伦在大选中获胜,保守党才再次成为执政党。

在美国政治实践中,柏克保守主义的政治思想影响了美国的开国元勋,在其历史上起过重大的作用、在某个阶段甚至是决定性的作用。美国的独立战争是用社会契约论、人民主权和天赋自由权作为反对英国殖民统治的武器,并取得了最终的胜利。但是,在美国革命胜利之后,其内部分为两派,一派是以杰斐逊为代表,希望继续奉行人民主权的原则,如推行广泛的选举,要求财产平均等原则;另一派则是以亚当斯、汉密尔顿和麦迪逊为代表,他们为资产阶级私有财产价值观辩护,更多地吸收了柏克的保守主义政治思想,尤其是美国的第二任总统约翰·亚当斯,有人将他比作“新大陆的柏克”。他怀疑人民的能力,将社会因财产不平等以及在能力方面的不同划分出了高人一等的阶级,认为有些精英是必然要成为统治阶级的。美国早期的保守派在很大程度上继承了柏克的保守主义思想，使保守主义成为了美国政治传统中不可或缺的组成部分。

20 世纪 70 年代发生的经济危机，使得美国的社会福利政策濒临破产；同时，西方社会人与人之间的关系日益冷漠化，社会责任感和美德被利己主义和享乐主义代替；尊重、勤奋等传统美德逐渐消逝，促使人们重新思考家庭和道德的价值，保守主义的观点又回到了视野中。1980 年，里根当选美国总统，将新保守主义思想贯彻到政治实践中：在经济上奉行国家较少干预政策，让市场发挥在资源配置方面的作用；在有关社会福利政策方面，政府主张消减社会福利，让人们更多地获得平等参与社会生活以获得报偿的机会；在思想文化上，则强调政府的权威和道德的价值。里根从政八年的“保守的革命”在解决美国当时所面临的问题上产生了积极的作用，却也为其赢得了“富人总统”的称号。新保守主义思想传承自柏克的保守主义思想：强调国家权威，推崇经验，主张精英统治和社会道德的重要性，包括经济上自由放任的市场经济政策。但它与柏克的保守主义政治思想也有着很大的不同之处，面对新的社会复杂多变的情况，他们相信人的理性的作用，不排斥激进的社会变革，在对待传统的态度上，也因美国自身的实际情况而缺乏尊重传统文化的观念。新保守主义延续了柏克的保守主义思想的部分原则，对美国的政治实践产生的影响延续至今。

三、柏克政治思想对当代中国政治文化建设的启示

（一）传统与现代

启蒙运动是发生在 17 世纪下半叶的一场反对封建君主与天主教会专制统治的资产阶级思想文化解放运动，它为资产阶级革命做了思想准备，是继文艺复兴和宗教改革之后欧洲近代第三次思想解放运动。当时的启蒙思想家们认为，在中世纪的欧洲，人们处于黑暗之中，应该用理性之光驱散黑暗，把人们引向光明。他们著书立说，猛烈批

判封建君主与天主教会专制对人民的政治与思想、精神上的压迫与奴役，宣传自由、平等和民主的思想。他们提出了一整套哲学理论、政治纲领和社会改革方案，试图以“理性”重塑一个崭新的社会。他们要用政治自由对抗专制暴政，用信仰自由对抗宗教压迫，用自然神论和无神论来摧毁天主教权威和宗教偶像，用“天赋人权”的口号来反对“君权神授”的观点，用“人人在法律面前平等”来反对贵族的等级特权，从而建设资产阶级的共和国。

启蒙思想家多把历史变迁看作一往直前的进步，而把一切过去的、传统的事物等同于落后和腐朽，把传统与现代截然对立起来。在他们的思想和情绪中充满着一种对于发展和进步的过度的乐观主义(high optimism)。在将过去的一切传统的旧制度、旧思想全盘否定之后，启蒙思想家相信人类可以凭借理性掌握一切关于社会的各种知识，发现社会发展的规律，依靠人类理性的发展推动人类历史的进步。

而柏克则十分强调传统思想、文化与习俗的重要性。当代保守主义思想家斯特劳斯的学生、美国著名的社会学家希尔斯(Edward Shils)继承并发展了柏克的思想。传统是一个民族世代积累的，仍在现实中起作用的社会政治制度、风俗习惯和文化等的综合。传统在社会和政治生活中是极为重要、必不可少的。因为，每一特定时代的人们都不具备足够的原创性来独立地创造和形成关于真理、正义等的认识和观念。每一代人不仅需要其血缘上的祖先的帮助，同时还需要其精神和文化上的祖先，即以往世代的社会习俗、信仰、准则和典章制度等方面的文化遗产的帮助。所以，希尔斯的结论是：一个现代的、自由民主的社会必须是形成和生长在传统的根基之上。

同样是沿着这一思路进行论证的政治学家劳伊德·鲁道夫(Lloyd Ruldoph)和苏珊妮·鲁道夫(Susanne Ruldoph)指出，在20世纪，当人们分析社会与政治的发展变迁时，往往把现代性(modernity)与传统截然对立起来。而这种做法和思维方式可以追溯到始于17世纪下半叶的欧洲启蒙运动。启蒙思想家们认为，在历史进步的过程中，新的事物绝对地优于并要取代旧的事物，而新事物的形成和发展无须借助于旧事物和传统，在这种心态下把传统和现代性截然对立起来。人们认为传统等同于僵化、落后和腐朽，因而应该被扔进历史的垃圾堆，并认为只有消除和取代一切传统的东西，现代化才能够得以实现。针对这种倾向，两位政治学家指出，存在于传统和现代性之间的是一种历史的连续性，而不是一道不可逾越的鸿沟。它们之间的关系不是截然地相互排斥和对立的，而是辩证的：它们相互渗透，并相互促进对方的转化、变革与更新。而对传统文化根本性的破坏，以及对于人民接纳传统的意愿和主动性的损害，却必然会逐渐地削弱以至于瓦解一个社会。①

我国的五四运动是一场伟大的思想解放运动，可以说是中国的启蒙运动。然而，一些新文化的倡导者把传统文化看作铁板一块，未能对传统中各种不同的成分与因素加以深入细致的鉴别、分析与研究，他们提出“打倒孔家店”，形成了极端的反传统主义。很长时间以来，我们把以儒家思想为代表的传统文化看作铁板一块，予以全盘否定。而这种对传统文化精华的误解、隔膜与无知对中国新文化的创造无疑是非常不利的。正如美籍学者刘子建(James T. C. Liu)所指出的，在现代化的进程中，现代性与传统必须经历一个双向的创造性的重新融合的过程。② 而人们却极其轻率浮躁地把现代化看作单向的、直线的过程，无视文化遗产至为重要的作用与价值，结果付出了沉重的代价，造成了危机和混乱。

从新文化运动和五四运动以来，传统文化尤其是儒家思想受到了

---

① 参见刘鸿鹤：《传统与现代性》，《辽宁大学学报(哲学社会科学版)》2002 年第 11 期。

② 参见刘鸿鹤：《传统与现代性》，《辽宁大学学报(哲学社会科学版)》2002 年第 11 期。

激烈的批判。一些知识分子乃至政治家试图在旧文化的废墟上创立一种崭新的制度和文化。而历史证明这是行不通的。我们今天所遭遇的信仰失落、道德危机等问题,无一不与传统的断裂紧密相关。柏克、希尔斯、鲁道夫等人的思想启示着我们:在建设新文化的过程中,我们绝对离不开传统,离不开祖先智慧的滋养。对中华民族来讲,我们离不开传统思想文化的滋养。从意识形态到人们安身立命的个人信仰乃至整个社会秩序和规范的建设,都要求我们在马克思主义的活的灵魂的主导下,创造性地汲取和融合传统文化以及西方文化中的精华,实现中国文化的综合创新。

(二)变革与审慎

“审慎”或“政治理性”是柏克所阐发的一个重要的政治学概念。柏克的这一思想对于我们如何从事变革具有重要的借鉴意义。针对启蒙时代的机械历史观,柏克指出,社会是一个连续的、渐进发展的复杂有机体,是历史演进的产物。一方面,社会时刻处在变化过程中,其发展的每一个阶段都是按照同样的进程被传承下去。社会的发展是沿着连续渐进的方式进行的,是在旧秩序的基础上逐渐演进而来的。因此,得以延续下来的旧制度具有不可估量的价值,不可以试图将社会的连续性打破重建。另一方面,社会是一个庞大的网,其中每一部分都同社会中其他部分发生着多样的、不可分割的联系。每一社会的秩序是在其社会制度、习惯和风俗以及个人因素的相互作用下形成的。因此,柏克将社会理解为一个内部经历着不断的渐进式上升的变化的有机整体。

正因如此,珍视传统的柏克并不是一味反对变革。他懂得变革是必然的,不可避免的。但他又强调指出,变革应是渐进的,最好是以一种几乎为人们觉察不到的微妙方式和程度发生。这种渐变可以防止传统的断裂,可以防止急剧变化所带来的不必要的社会动荡。

反观我们国家近百年来的历史进程,在追求变革的过程中往往未能做到对传统既有克服、又有保留。如清朝末年的“废科举、兴新学”,

在抛弃了八股取士的陈腐作法的同时，也丢弃了四书五经中所承载传达的中国文化的精华，而这些传统文化中的核心价值恰恰是如柏克所说，是千百年来在一个民族的历史长河中逐渐孕育出来，在人们彼此的交往中日益形成，是人们从过去实践经历的错误和缺点中、在不断解决社会问题中总结出的历史经验的总和和智慧的沉淀。抛弃了这些历史的精华，就真像黑格尔所说，倒洗澡水连孩子一起倒掉了。我们今天面临的许多社会问题，包括官员腐败、人们的道德滑坡、假冒伪劣猖獗等，绝不仅仅是因为法条不够，而在很大的程度上是因为传统的断裂及信仰与道德规范的缺失。当一个人什么都不信、什么都不敬畏的时候，法条的作用将是很微弱、很有限的。当然，对诸如四书五经等传统经典中的思想，我们也要批判地继承。所谓批判，就是扬弃，就是扬清激浊，就是既有克服又有保留。具体地说，批判的过程，也就是“审问之、慎思之、明辨之”的过程。

同意用革新的手段将某种“弊病”革除——当然，柏克将这看作“恢复传统”，也就是他所说的“有保留地变革的原则”。正如塞西尔说：“希望进步和害怕前进中的危险这两种心情在表面上是矛盾的，而在实际上却是相互补充、互为条件的……进步依靠保守思想来使它成为明智、有效和切合实际的行动。如果没有保守思想，进步就纵然不是有害的，至少也是徒劳的。……人们在整个过程中一个首要的、虽然确实不是唯一的问题，就是如何以正确的比例来调和这两种倾向，既不至于过分大胆或轻率，也不至于过分慎重或延迟。”[①]改革与保存，或克服与保留，把两种看起来矛盾的倾向结合起来，才能导致合理的变革。这种审慎的变革观念对当前我国的改革仍具有启示的意义。

我国近现代的变革伴随着极为复杂的历史原因和条件。在现代化进程中，社会的经济生活、政治生活和文化生活之间相互决定、相互

---

① [英]休·塞西尔:《保守主义》，杜汝楫译，商务印书馆1986年版，第3～9页。

制约，任何对政治与社会改革的片面化、简单化的理解都可能带来难以预计的结果。我国的现代化进程具有突发性特点，是外部的强势力量突然将中国牵引向现代化，或者说中国的现代性是嵌入的，而不是自然生成和发展的。在这个过程中，完全不同质的社会因素同时并存，除了保存有大量的农业社会成分外，又出现了新兴的工业社会因素，并迅速追逐着世界发展的新成果。不仅是社会，就是构成社会的个人也处于传统和现代的相互交集与碰撞之中，处于矛盾与困惑之中，人们的价值观呈现出多元的态势。中国社会的发展也呈现出多样性和发展的非均衡性。一方面，在经济领域中，区域经济发展不平衡，产业和城乡结构不平衡，社会生产资料日益集中在部分人手中，使得贫富差距不断扩大，人民内部矛盾深化，而新兴的利益阶层得到强化，他们更进一步提出了政治参与的诉求。在全球化发展中，中国经济的可持续发展面临着巨大挑战。另一方面，西方发达国家对中国的经济发展和中国特色社会主义现代化的态度表现出出奇一致，他们普遍认为并不断宣称中国特色社会主义的政治制度和意识形态必然在现代化中崩溃，并只能转向对西方政治制度的模仿与复制。①

然而，正如柏克所指出的，一个好的政治目标往往是历史、具体的。一个国家、民族或社会的特质和特殊环境、特殊条件决定着何种政治制度最适合他们。要实现一个民族人民的福祉，就必须考虑到本民族或社会的特殊性质，和他们特殊的历史与传统，以及他们所处的特殊的环境和条件，并考虑到他们心目中之福祉的特定的内涵和意义。所以，当中华民族选择自己继续前进的道路时，必须考虑到上述原则。我们应该在马克思主义的指导之下，充分汲取传统文化的思想精华，同时也审慎地吸收西方思想文化中真正适合我们的有益因素，实现中国文化的综合创新，这其中自然也包括中国的政治文化。

① 参见薛秀军:《直面风险——现代性困境与当代中国求解》，厦门大学出版社2010年版，第198页。

附录　柏克小传

柏克家庭的混合宗教背景影响了他一生反对宗教不宽容的观点，在他对社会的理解和性格的形成方面都起了重要作用。他在文学和写作方面的才能更使他成为下院出色的演说家，最终形成了他自己的文风。柏克在历史和法律方面的研习成为其政治思想和原则形成的重要条件，使他相信经验、传统和法律等方面的重要性，也为其之后作为下院议员，特别是作为辉格党的发言人参与政事，并发表自己看法做了充分而良好的准备。1761 年，他作为汉密尔顿的秘书参与爱尔兰事务，开始了他的政治生涯。柏克近 30 年的政治生涯同爱尔兰、英国经济改革、东印度公司、北美殖民地独立和法国大革命密切相连。他对这些事件的看法很好地阐释了其一贯坚持的政治原则，特别是法国大革命更成为柏克保守主义思想最终形成的决定性事件。柏克对当时英国政治的关注并希望通过自己的努力使英国政治体制更加完善的想法和实践贯穿了其一生。

一、家庭的混合宗教背景

埃德蒙·柏克于 1729 年 1 月 12 日出生于爱尔兰都柏林的一个中产阶级家庭，1797 年 7 月 9 日，他在英国的比肯斯菲尔德（Beaconsfield)的家中逝世，并葬在那里。他的父亲是一位谦虚并成功的爱尔兰律师，继承了作为英国基督教一员和诗人埃德蒙·斯潘塞(Spenser)家族的传统。柏克虽生活在一个富裕的家庭，但不是贵族出身，而他之后的政治生涯却多半倚赖贵族的支持，这也使他对贵族怀有又爱又恨的心理。

柏克和他的弟弟理查德是在英国国教教堂中长大的，他的母亲是著名的爱尔兰尼格(Nagle)家族的一员，是一名罗马天主教徒，他的妹妹也是一名天主教徒。一直以来，作为爱尔兰特性的罗马天主教，构成了这个民族身份不可分割的一部分。在18世纪初，天主教徒却不得不在教堂废墟的简陋圣坛前或其他荒僻之地举行弥撒，因为他们没有地方可以去。特别是在"光荣革命"之后，英国政府更是颁布了一系列严苛的法律惩罚爱尔兰人口中占多数的天主教徒，民众被剥夺了一切政治权利和许多其他权利，以至于大多数人都过着贫困的生活，这导致爱尔兰和英国矛盾日益加深，特别凸显了英格兰贵族和爱尔兰人的不平等地位。特别是柏克的童年是在爱尔兰尼格家族的亲戚家中度过的。他亲历了爱尔兰天主教受到的压迫。天主教徒不能接受教育，不能通过自己的努力工作增加收入。他们生活得十分悲惨，没有任何财产，并且可能随时被驱逐。柏克的父亲在爱尔兰有土地，使他在爱尔兰的生活境况要比其他天主教徒好得多，更像是爱尔兰的贵族。柏克从他的爱尔兰亲戚那里体会到天主教徒也可以是彬彬有礼的体面人物。他从没有像其他新教徒那样仅仅因为信奉天主教而憎恨他们。柏克童年的爱尔兰生活有一个值得一提的插曲，就是他在属于尼格家族财产的城堡中偷偷地上课。因为，天主教徒是不允许接受教育的，给他们上课的老师一旦被发现就会被投入监狱，他们的老师被称为"Hedge-schoolmasters"，而且这些天主教徒也没有钱给老师。他们的授课随时会被迫中断。柏克永远也不会忘记他在那个古旧城堡中上课的情形和那位老师教授的拉丁语、希腊语和数学等内容。

1741年,12岁的柏克回到家乡肯代尔郡(County Kildare)巴丽多村(Ballitore),在那个充满人文和自由氛围的贵格会(贵格会是由乔治·福克斯领导的,认为宗教宽容的思想和实践是善的体现)学校接受教育。亚伯拉罕·沙克尔顿(Abraham Shackleton)把大量的时间花在柏克对虔诚的信仰的判断上,并影响了他一生都反对宗教不宽容的观点。

柏克的爱尔兰家庭的混合宗教背景在决定他的整个知识、道德、审美的观念以及对待社会的看法和性格方面扮演了关键性的角色。柏克一生都表现出一种对待所有那些有真挚的宗教信仰和被压迫的人们的人道主义的同情。在他弹劾英属东印度公司总督亨斯廷斯和他对北美殖民地的态度中,这种同情尤其明显。作为爱尔兰的新教徒,作为爱尔兰新教权贵的代表之一,他在爱尔兰的童年经历使他一直要求英国将爱尔兰视为一个平等的民族对待。他强烈地意识到英国对爱尔兰罗马天主教徒的惩罚的法律,公民无力抵抗(指那些反对这一法律的人)。柏克在议会的29年里尽他最大的努力使在英国信奉不同宗教的人拥有同样的宪法赋予的权利;使英国解除对爱尔兰天主教徒的惩罚一直是他持续努力的政治目标。

二、早期文学写作的经历

1743～1748年,柏克进入都柏林的三一学院学习。在那里,柏克获得了大量的有关自由主义的知识和文字技巧,这为他以后在文学和政治上的成功奠定了基础。柏克在那接受了在当时被普遍认为是自由主义作家的一些人的思想,其中以古典作家为中心,如亚里士多德(Aristotle)、维吉尔(Virgil)、塔西佗(Tacitus)和西塞罗(Cicero)。西塞罗的思想和风格深深地吸引了柏克,他在作品中引用或暗指西塞罗的次数要明显多于其他古代作家。亚里士多德的政治思想也对他产生了永久的积极影响。

21岁的时候,他被送到伦敦学习法律。但让他感到强烈反感的是老师的“狭隘且贫乏的概念”，以及他们的机械方法和以功利为目的的教学。加之对文学的兴趣，1750 年，柏克放弃了正式的法律学习，之后转向了文学的职业生涯。1756 年 5 月，柏克出版了《自然社会辩》，2 年后再版。这篇著作的主要内容观点是：对社会来说，假设了人类的“自然”与“人为”政治制度的对立，是对博林布鲁克笃信“自然”宗教的唯理论所作的讽刺作品。柏克模仿博林布鲁克的众所周知的写作风格如此成功，致使许多读者将其视为博林布鲁克的遗著。

当柏克还是三一学院的本科生时，他已经写作了《论崇高与美之思想来源的哲学思考》，在大约 1747 年，他 19 岁的时候，他已经概述了类似的思辨的美学研究。在出版《自然社会辩》之后不久，在 1756～1757 年，他修正并完成了《论崇高与美之思想来源的哲学思考》的早期工作，并于 1757 年 4 月 21 日出版，书名是《关于崇高与美之思想来源的哲学思考》(*A Philosophical Inquiry into the Origin of our Ideas of Sublime and Beautiful*)。该书在他一生中再版了 9 次。柏克的研究是最早试图将解释艺术的心理学基础的努力作为各种感觉的来源，而不是对所接受的“规则”的反映。

在柏克出版《关于崇高与美之思想来源的哲学思考》之前，1757 年 4 月 12 日，一个匿名的两卷本著作《美国欧洲居民状况》出版。尽管这本书可能大部分由威尔·柏克(Will Burke)所写，但是埃德蒙也写了一部分或者对它作了修改，当然他也完全熟悉其中的内容。这篇著作在七年战争时的美国引起了极大的政治兴趣，因此，在 1757 年 9 月出版了第二版，它特别强调了英国殖民地对政治自由的珍视，警告、反对强加严格的贸易条例。并且，这篇著作在某种意义上预示了柏克 18 年后的演讲。柏克认识到语言、文化作为共同纽带的重要性，以及经济利益将英属殖民地和英国联结在一起。

柏克在 1756 年对博林布鲁克的巧妙的英语风格的成功模仿表明了他自己在词语和语言上的能力达到一个完美的程度，并且已经展示了他确信的“理性只是人性的一部分”和不相信仅用理性的或逻辑的途径能够解决问题的想法。在柏克有关感觉的散文(Essay on Taste)——作为《关于崇高与美之思想来源的哲学思考》的第二版之前的补充中,他写道:“在我们下定义时,我们就处在危险中,在我们的想法之内划定自然的范围而不是扩大我们的想法,根据自然的结合的方式以呈现对自然的所有理解。”在一篇写于1750~1754年,现存于英国的谢菲尔德(sheffield)市图书馆的有关柏克的文章中发现,在这篇名为《一位杰出的绅士的性格》的文章中,柏克写道:“性格是一件如此复杂的事情而不能给出一个定义。我们可能获得一个更好的认识,即视它拥有众多的各种各样的主题。”柏克的领悟力,他的直觉、情感和想象,以及他期望在复杂的表达风格之外抓住生活的全部现实是他对待问题最典型的方法。

柏克早期的写作风格已经显露了一个人的全部的本质和对每一个问题涉及所有现实方面的理解。这是爱德华·道登(Edward Dowden)总结的将柏克的散文风格同其他大部分优秀作家区别开的主要观点:“柏克所奠定的一个众所周知的真正风格,涉及每段当中的主句,一种想法,一个概念,一种观点和所有对行动产生的影响——这些给予我们一种暗示,展示提出这种原则的作家是一个完整的人,当他写作或者谈话的时候,他将他的整个气质融入到他的发言中。这就是,也确实是柏克最首要的最大特征。”①

三、历史与法律的研习

在1757年12月3日,他和简·纽金特(Jane Nugent)结婚,妻子是一位杰出医生的女儿,这位医生曾在柏克生病时照顾过他。写作成为柏克支持家庭的手段,这也使他能够充分发挥其丰富的知识和写作

① Petter J. Stanlis, The Best of Burke Selected Writings and Speeches of Edmund Burke. Washington:Regnery Publishing Insc. 2001, p. 15.

天分。这些使柏克为伦敦的文学界所了解，也为他的文学进步打开了一个新的机遇。1758 年 4 月 24 号，柏克同罗伯特·德兹利(Robert Dodsley)签订了写作、收集和编辑 500 页 8 开本的《年鉴》，评论一年中的历史、政治和文学的协议。其中，有三部分是柏克亲自写作的——关于年度事件的历史性说明、书评和七年战争的历史。从 1762～1763 年开始，刊登了有关前一年欧洲史的历史文章。柏克在《年鉴》的工作极大地扩展了他对当时的政治、科学和文学本已广泛并深刻的知识，磨砺了他日渐增长的文学才能。

柏克同《年鉴》的联系值得特别注意，除了他作为总编和他的重要的书评和历史文章之外，在柏克的编辑之下，《年鉴》取得了辉煌的成绩，它的一些早期版本发行了 9 次。从柏克的杂志被作为有价值的、客观的、历史的来源得到承认开始，《年鉴》在 200 年中一直被认为是有影响的杂志，直到现在。然而，柏克更愿意匿名和《年鉴》保持联系，甚至他在 1765 或是 1766 年放弃了实际的编辑工作。在之后的 30 年，《年鉴》一直由柏克的一位朋友也是他的政治信徒编辑和写作。尽管在柏克进入议会不久就放弃了同《年鉴》的官方联系，但他对杂志的政治方面的控制力还是相当大的。

在《年鉴》工作的第一年，1758～1759 年，柏克也在写作他的《关于英国历史的缩略本的散文》，但是他只写到了约翰国王，在 1811 年作为遗著出版。然而，通过这样的文学活动以及他同德兹利的友谊，柏克在英格兰的前 10 年，就已经为伦敦的文学和戏剧界最重要的圈子所熟知。

值得一提的是柏克在伦敦的文学圈子中结识了影响了他一生的朋友。在罗伯特·德兹利的工作处，柏克遇见了牛津大学的诗歌教授托马斯·沃顿(Thomas Warton)和他的弟弟约瑟夫(Joseph)，一位知名的文学评论家，两个人都在日益增长的浪漫主义文学运动中表现突出。大约在 1758 年，柏克遇到了两个他最珍视的朋友，塞缪尔·约翰逊(Samuel Johnson)博士和乔舒亚·雷诺兹爵士(Sir Joshua Reynolds)。前者是穷书商的儿子,被认为是英国历史上最有名的文人之一,集文评家、诗人、散文家、传记家于一身;后者是教士的儿子,是当时最负盛名且颇具影响力的历史肖像画家和艺术评论家,更是英国历史上第一个被授予贵族头衔的艺术家。在1763～1764年冬天,为了支持他们,柏克帮助创办了著名的"约翰逊圈子"的文学俱乐部。每周他们都会聚会聊天。有好几次,柏克同他们圈子中的人包括约翰逊博士共进圣诞晚餐。由此可见柏克同圈子中的人的相识程度。与他们的交往深深影响了柏克对政治的兴趣。当然,柏克所结识的人也反映出柏克性格中的某些特征,这些人都是在社会中有相当影响力的思想深邃的人士,这也从一个侧面表明了柏克并未深入到社会下层,并未能真正认识并体味社会底层人的生活的困窘。

前面已经说过柏克为了成为一名职业作家而放弃了法律的学习。尽管他放弃了正式的法律学习,然而他在早期的生活中获得了非常深刻的、广泛的有关欧洲和英国的法理学知识,从古罗马法直到他那个时代的英格兰普通法。1780年,柏克宣称,在他很年轻的时候就已经熟读了他们的法律和宪法,包括其他时代和其他国家的。毫无疑问,他对法律的兴趣最早始于1750年,但是他的法律学识的增长并取得良好的进展则是在他进入政坛之前。

柏克的法律知识显现在他在图书馆阅读的书籍中,其中包括许多作家的著作,既有古代的也有现代的关于自然法学方面的。在他图书馆的664个已知的条目中,包括对亚里士多德的自然法的讨论,像他的《伦理学》与《政治学》,也包括西塞罗的《论义务》和《论自然律》,所有的他都读了。也有弗兰西斯·培根(Francis Bacon)、科克(Coke)和许多其他人的著作,包括像经典的格老秀斯(Grotius)的《战争与和平法》,普芬道夫(Pufendorf)的《自然法和国家》。在一份议会报告中,柏克曾写下:"人们已经写了大量的关于罗马法方面的著作,尤其是在近代。”所有这些有关罗马法学的著作都吸收了西塞罗的精神和罗马基督教的禁欲主义，并且都是建立在古典自然法的基础上。

柏克对英国法律史的特别关注和对自然法的常识在他从1758年到至少是1765年间做德兹利的编辑和评论员的时候急剧增长。1757年，柏克写了一篇不完整的关于“英国法律史的随笔”，作为他的《英国历史节选》的补充。他对英国法律和宪法思想的兴趣明显地反映在他早期为《年鉴》写的散文中，这些大量的著作是有关法律著作的书评。从1758～1765年，柏克几乎每隔两年写一篇关于法律著作的书评。所有这些有关法律的书评反映了柏克早期的公共生活，他已经获得了关于民法、刑法、宪法和自然法的广博知识。柏克的法律知识最明显地体现在他大量对古代的记录、图标、法律条款、成文法令和程序，包括英国普通法的决议的引用和参考中。柏克所涉及的英国法律从7世纪晚期一直持续到他自己所处的那个时代。除了阅读这些记录并掌握英国的判例，他还广泛地阅读并使用英国普通法的文摘。他在法律方面的研习对其政治思想产生了重要影响，这些反映在他坚持英国宪法来自习惯法，他推崇英国的宪政框架很好地保证了社会各阶层力量的平衡以及他强调英国的宪政传统中。

在有关英国法律的最伟大的作家中，有几位是柏克特别钦佩的。他认为爱德华·科克(Edward Coke)是最伟大的法律理论家。对其法律理论，柏克在著作中引用了9次，并在演讲中经常提及——大体上是毫无保留的钦佩——超过任何其他的法律作家。柏克同样钦佩那些发动1688年革命的近代的法学家。他对那一重要事件的解释是《法国革命论》和《新辉格党向老辉格党的呼吁》的开篇章节的重要部分。1770年，他在下院中说：法律，在我看来，是人类科学中首要的最珍贵科学之一；是一种能够使人的理解更快更活跃，所有其他阅读放在一起都不能如此；但是这样并不容易，除非这个人出身很好，开放和自由的思想有同样的比例。这也是他在批评法国大革命的国民议会组成时的重要观点。

尽管柏克从未完成他的正式的法律学习，但是，他在有关欧洲和英国的法律方面的博学是贯穿于他后来的政治生涯，并具有最大的实用价值的方面。他丰富的法律知识增加了他对罗金汉辉格党的价值。自然法传统、各民族的法律（the law of nations）、英国的普通法，所有这些都注入并充满了他的政治思想。因此，在研究柏克的著作和演讲时，铭记他的法律的博学是非常重要的。

柏克的古典文学、法律以及教育方面的阅读的影响在其政治哲学中是很明显的，这些是他的实际政治生涯中的重要方面。柏克的阅读，反映在他早期的作品中，是使他的政治思想成熟的巨大因素，并为他在那个时期混乱的党派政治中提出理论做好了准备。他的阅读为其政治原则注入了人文的气质，在那个时期日常的机械的原则和处理方法上使他更接近政治。通过柏克的《英国历史节选》（1757）及其在《年鉴》的专栏（1759～1765）可以看出，他对历史的多样性和公民社会持续性的尊崇很明显。他强调法律本质和普通法的重要性，渐进的变化的重要性，结合过去的遗产和现在的需要，以及体现在现存的传统和公民习惯中的"先辈的智慧"的重要性。在这些早期的作品中，他已经表达了英国政府宪法系统的逐渐发展是基于教会与国家之间权力分配的原则，在认可人是政治动物，并能在其社会的共同生活中发挥最大能力的观点下，以实现以公民自由最大化为目的的信仰。

四、英国下院议员的政治实践

早在1759年发生的一件事使柏克从文学事业开始转向，将他置于一条最终走向政治职业的道路。通过朋友的介绍，他认识了威廉·汉密尔顿（William Gerard Hamilton），一位富裕的年轻人，并且在议会里有一定影响力。汉密尔顿想要在政治方面走得更远，他很快注意到柏克在文学方面的杰出才华和在公共事务中的广泛知识，立即意识到让柏克这样的人为其服务是很有价值的。他为柏克提供政治赞助，作为交换，为柏克做了非正式的安排，作为他的私人秘书和政治助手。柏克接受了汉密尔顿的工作，以他可以在夏季自由从事他的文学工作为条件。他们的关系持续了几乎6年之久。其关系的最终破裂是在一次小的争吵之后，这次争吵源于汉密尔顿试图更稳固、更彻底地控制柏克，制定每年300镑的养老金让其鼓励爱尔兰当局通过对天主教徒的惩罚性条款，柏克拒绝放弃自己的独立性。这也充分展现了柏克性格中坚持原则性的一面，是他对待北美殖民地的独立和法国大革命的原则上的一致性的很好的说明。

在同汉密尔顿一起在爱尔兰时，柏克开始撰写《反对爱尔兰财产的相关法律的短文》(“*Tracts Relative to the Laws against Popery in Ireland*”)，这部重要的著作显露了柏克政治哲学发展中的许多最重要的东西。它保留了一部分，直到1797年他死后才出版。到这一时期的著作都可清楚地看到他的政治保守主义倾向，以及他对历史过程的尊崇，对社会传统的连续性以及公民社会的规范和法律的历史基础的尊重。在他的财产法的短文中，他第一次详细地解释了他后来的政治哲学基于自然法的基本政治道德原则。

柏克同汉密尔顿在爱尔兰的经历是他进入政治的良好开始，也可能是他一生最重要的政治决定的必要前奏——他自己的罗金汉辉格党(Rockingham Whigs)的身份，这一经历直接导致了他的政治生活以及1766～1794年的下院的生涯。在他同汉密尔顿争吵后，很快，柏克经由威廉・菲茨赫伯特(William Fitzherbert)推荐认识了罗金汉侯爵。1765年7月10日，在格伦威尔(Grenville)内阁倒台不久，乔治三世不情愿地让查尔斯・沃森・文特沃斯(第二代罗金汉侯爵 Charles Watson-Wentworth. 2nd Marquess of Rockingham)做了内阁首相。这件事过去不到一周，柏克就成为罗金汉的私人秘书。罗金汉是个见识广博又十分有原则的人，在他拟用柏克时曾因柏克家庭的天主教背景而遭到纽卡斯尔勋爵的强烈反对，但罗金汉侯爵并未因此而拒绝柏克。对柏克家庭中天主教背景的质疑之声伴随了柏克的一生。1765年年底，由于威尔·柏克的朋友维尼(Verney)勋爵的影响，柏克被选举成为文登尔沃(Wendover)的下院的代表，并取得了1766年会议的席位。在接下来的17年中，直到1782年罗金汉侯爵去世，柏克和他一直保持着亲密的私人朋友和政治伙伴关系。柏克很快成为智囊的首脑，下院中的公众的声音，以及辉格党罗金汉派的官方小册子的作者。

柏克积极的政治生涯从1765延伸到1794年，使他积极地参与到美国殖民地、爱尔兰、英格兰的经济改革和议会改革，印度和法国大革命事件中。除了1765～1766一年和1782年的几个月的罗金汉内阁掌权时之外，他在下院的29年的大部分时间都是在反对乔治三世政府，往往是由于不受欢迎的原因，至少当时是，在议会的论战中持续被打败。柏克反对对美国殖民地税收的改革政策没有成功，也用29年时间为反对整个英国认为爱尔兰有危险并阻止其享受英国宪法利益的政府制度而斗争。在19世纪期间，爱尔兰获得的微小的经济自由是发展它的工业和商业，这来自柏克及其朋友的不懈的努力。他想要解除对爱尔兰的天主教徒的惩罚的法律没有取得任何效果，但是他的原则在他死后逐渐实现。他在1780年对滥用皇家资助的改革失败了，尽管在1782年通过了一些修正和大量的无效果的措施。在罗金汉侯爵去世那一年之后，柏克在下院最重要的职位很快衰退。虽然他成功地弹劾了印度的总督沃伦亨斯廷斯，认为其在印度渎职，但最终上院宣告其无罪，作为给予英国政府的告诫，柏克尽了最大的努力。他对那些希望改革下院代表权的激进主义和自由主义的辉格党人的反对使他同党派内部的许多人产生了强烈的敌意。对法国大革命的激烈的批评进一步使他同“新辉格党”分道扬镳，柏克领导反对革命的老辉格党同皮特(Pitt)的年轻的托利党结盟。

柏克年轻时关于博林布鲁克的讽刺作品也显示了他后来政治哲学消极的一面——他对两个最重要的政治传统的极端不信任，并且是他一生都极力反对的，早在他进入议会之前，他就反对政治上的以数学的逻辑和形而上学的思辨为中心的先验的、抽象的、分析的思考类型。柏克一直极度地不信任任何推测的理论，他认为这些理论是旨在通过科学方法论或是社会机构的重新安排使人类完善。他完全反对在“艺术”与“自然”之间的对立，他也反对在历史或者市民社会之前一个假定的自然状态中假设自然的原则或者人性本善。他的早期文学作品证明，他在进入政坛之前就已经吸收了古老的经典的基督教的关于人和社会的观点，并且已经向启蒙时期哲学的科学理性主义宣战。他经常用来批评乔治三世的内阁的论点，和他从 1765 年直到 1797 年去世前在政府的讲演和写作，都反映了他一生都同这一立场保持一致。

用直接的成功或表面的一般标准来看，柏克的政治生涯大部分浪费在了注定要失败的事情上。但是，他一直为在宪法和道德律下，建立一个秩序的、公正的、自由的社会而不懈努力，他开创了政治哲学的最重要的理论和原则，在曾经战胜了他的党派的原则被埋葬在死亡的政治墓地很久后，这些原则仍然一直在影响着人们。

参考文献

一、中文部分

(一)著作

1.《马克思恩格斯全集》第23卷,人民出版社1995年版。

2.《马克思恩格斯全集》第1卷,人民出版社1995年版。

3.《马克思恩格斯全集》第2卷,人民出版社1995年版。

4.《马克思恩格斯全集》第3卷,人民出版社1995年版。

5.《马克思恩格斯全集》第4卷,人民出版社1995年版。

6.陈修斋:《欧洲哲学史上的经验主义和理性主义》,人民出版社1986年版。

7.程汉大:《英国政治制度史》,中国社会科学出版社1995年版。

8.黄基泉:《西方政治思想史略》,山东人民出版社2004年版。

9.胡康大:《英国的政治制度》,社会科学文献出版社1993年版。

10.刘鸿鹤:《扬清激浊　返本开新——徐复观论儒家政治思想》,载《中西会通与中国哲学的近现代转换——第12届国际中国哲学大会论文集》(3),商务印书馆2003年版。

11.罗荣渠:《美国历史通论》,商务印书馆2009年版。

12. 马克尧:《英国封建社会研究》,北京大学出版社 2005 年版。

13. 钱乘旦、许洁明:《英国通史》,上海社会科学出版社 2002 年版。

14. 钱乘旦、陈晓律:《在传统与变革之间——英国文化模式溯源》,上海社会科学院出版社 2003 年版。

15. 唐士其:《西方政治思想史》,北京大学出版社 2002 年版。

16. 薛秀军:《直面风险——现代性困境与当代中国求解》,厦门大学出版社 2010 年版。

17. 徐大同:《西方政治思想史:(16～18 世纪)》第 3 卷,天津教育出版社 2000 年版。

18. 徐大同:《西方政治思想史:(16～18 世纪)》第 3 卷,天津人民出版社 2005 年版。

19. 姚介后、李鹏程、杨深:《西欧文明》(下),中国社会科学出版社 2002 年版。

20. 占茂华:《自然法观念的变迁》,法律出版社 2010 年版。

21. 赵林:《基督教思想文化的演进》,人民出版社 2007 年版。

22. [法]阿·索布尔:《法国大革命史论选》,王养冲编,华东师范大学出版社 1984 年版。

23. [法] F. 基佐:《1640 年英国革命史》,伍光健译,商务印书馆 1986 年版。

24. [法]卢梭:《一个孤独的散步者的遐想》,张驰译,湖南人民出版社 1987 年版。

25. [法]卢梭:《社会契约论》,何兆武译,商务印书馆 2003 年版。

26. [法]马雷(Malet):《西方大历史》,胡祖庆译,海南出版社 2008 年版。

27. [法]托克维尔:《美国的民主》,董果良译,商务印书馆 1988 年版。

28. [法]亚历克西·托克维尔:《旧制度与大革命》,京华出版社

2000 年版。

29.[古罗马]西塞罗:《论共和国》,王焕生译,上海人民出版社 2006 年版。

30.[古罗马]西塞罗:《论共和国　论法律》,王焕生译,中国政法大学出版社 1997 年版。

31.[古希腊]亚里士多德:《尼各马可伦理学》,苗力田译,中国社会科学出版社 1999 年版。

32.[古希腊]亚里士多德:《政治学》,吴寿彭译,商务印书馆 1965 年版。

33.[美]阿瑟·库恩:《英美法原理》,陈朝璧译注,法律出版社 2002 年版。

34.[美]C. H. 麦基文:《宪政古今》,翟小波译,贵州人民出版社 2004 年版。

35.[美]R. R. 帕尔默、乔·科尔顿、劳埃德·克莱默:《启蒙到大革命——理性与激情》,陈敦全、孙福生、周颖如译,世界图书出版公司 2010 年版。

36.[美]罗宾·W·温克、托马斯·E·凯泽:《牛津欧洲史Ⅱ》,赵闯译,吉林出版集团有限责任公司 2009 年版。

37.[美]乔治·霍兰·萨拜因:《政治学说史》(上),盛葵阳、崔妙因译,商务印书馆 1986 年版。

38.[美]沃农·路易·帕灵顿:《美国思想史:1620～1920》,陈永国、李增、郭乙瑶译,吉林人民出版社 2002 年版。

39.[苏] 塔塔里诺娃:《英国史纲(1640～1815)》,何清新译,三联书店 1962 年版。

40.[英]埃德蒙·柏克:《自由与传统:柏克政治论文选》,蒋庆,王瑞昌,王天成译,商务印书馆 2001 年版。

41.[英]柏林编著:《启蒙的时代》,孙尚扬、杨深译,光明日报出版社 1989 年版。

42.[英]柏克:《法国革命论》,何兆武等译,商务印书馆 1998 年版。

43.[英]柏克:《美洲三书》,缪哲选译,商务印书馆 2003 年版。

44.[英]迈克尔·奥克肖特:《哈佛演讲录——近代欧洲的道德与政治》,顾玫译,上海文艺出版社 2003 年版。

45.[英]休谟:《人性论》下册,关文运译,商务印书馆 1997 年版。

46.[英]詹姆士·哈林顿:《大洋国》,何新译,上海商务印书馆 1981 年版。

47.[英]沃尔特·白哲特:《英国宪制》,李国庆译,史密斯编,北京大学出版社 2005 年版。

(二)论文(包含学位论文)

1.陈鲲:《柏克的保守主义国家观》,中国政法大学硕士学位论文,2007 年。

2.董煊:《法国大革命与英国的激进运动》,《华中师范大学学报(哲社版)》1989 年第 4 期。

3.何元国:《论法国大革命时期英国的保守主义》,《湖北大学学报(社会科学版)》1999 年第 5 期。

4.刘鸿鹤:《传统与现代性》,《辽宁大学学报(哲学社会科学版)》2002 年第 11 期。

5.李雪丽:《伯克保守主义思想探析》,湘潭大学硕士学位论文,2006 年。

6.邱卫东:《消除成见,探求真谛——读埃德蒙·柏克的,〈法国革命论〉》,《历史教学问题》2005 年第 1 期。

二、英文部分

(一)英文著作

1. C. B. Macpherson. *Burke*. New York: Oxford University Press. 1991.

2. Charles E. Vaughan, *The Romantic Revolt*, Edinburgh and London: William Blackwood and Sons, 1907.

3. Charles Edwyn Vaughan. *The Romantic Revolt*. London: William Blackwood and Sons. 1923.

4. Conor Cruise O'Brien. *The Great Melody*. Chicago: The University of Chicago Press. 1992.

5. Charles E. Vaughan, *Studies in the History of Political Philosophy: Before and After Rousseau*. Manchester: Manchester University Press, 1960.

6. Edmund Burke. *Reflections on the Revolution in France*. Indianapolis: Hackett Publishing Company. 1987.

7. Edmund Burke. "Speech on Impeachment of Warren Hastings (1788)", in *The philosophy of Edmund Burke*, Ed. by Louls Bredvold, Ralph G. Ross. Michigan: the University of Michigan Press, 1954.

8. Edmund Burke. "Tracts on the Popery Laws," in *Edmund Burke: the Enlightenment and Revolution*, Ed. by Perer Stanlis, New Brunswick, New Jersey: Transaction Publishers, 1993.

9. Eric Eustace Williams. *Capitalism and Slavery*. Chapel Hill: University of North Carolina Press, 1994.

10. Francis Canavan. "Edmund Burke's Conception of the Role of Reason in Politics," in Essays in the *History of Political Thought*, Ed. by Isaac Kramnick, Englewood Cliffs. New Jersey:

Prentice-Hall, 1969.

11. Frank O'Gorman. *Edmund Burke: His Political Philosophy*. Bloomington & London: Indiana University Press. 1973.

12. H. Macmillan. *The Middle Way: A Study of the Problem of Economic and Social Progress in a Free and Democratic Society*. London: Macmillan Published Ltd. 1966.

13. Harvey C. Mansfield. Jr.. *Statesmanship and Party Government: A Study of Burke and Bolingbroke*. Chicago: the University of Chicago, 1965.

14. James R. Stoner. Jr.. *Common Law and Liberal Theory: Coke, Hobbes, and The Origins of American Constitutionalism*. Lawrence: University Press of Kansas. 1999.

15. John Morley. *Burke*. London: Macmillan Publishers Ltd. 1913.

16. Lloyd L. Weinreb, *Natural Law and Justice*. Cambridge: Harvard University Press. 1987.

17. Peter J. Stanlis. *The Best of Burke Selected Writings and Speeches of Edmund Burke*. Washington: Regnery Publishing, Inc. 2001.

18. Peter Stanlis. *Edmund Burke and the Natural Law*. Michigan: the University of Michigan Press. 1958.

19. Peter J. Stanlis. *Edmund Burke and the Natural Law*. Los Angeles: Huntington House Inc. ,1986.

20. Richard Pares. *King George* Ⅲ *and the Politicians*. Oxford: Oxford University Press, 1988.

21. Russell Kirk. *Edmund Burke: A Genius Reconsidered*. Intercollegiate Studies Institul. 1997.

22. Russell Kirk. "Burke and the Philosophy of Prescription" in

Essays in the *History of Political Thought*, Ed. by Isaac Kramnick, Englewood Cliffs. New Jersey: Prentice-Hall. 1969.

23. R. Walcott. *English Politics in the Early Eighteenth Century*. Oxford: Oxford: University Press. 1956.

24. R. R. Palmer. *The Age of the Democratic Revolution*. Princeton: Princeton University Press, 1966.

25. Stanley Ayling. *Edmund Burke-His Life and Opinions*. London: Cassell and Company Ltd. 1990.

(二)英文期刊

1. Francis P. Canavan. Edmund Burke's Conception of the Role of Reason in Politics. *The Journal of Politics*. 1959,21(1):60-79.

2. Linda C. Raeder. The Liberalism/Conservatism of Edmund Burke and F. A. Hayek: A Critical Comparison. *Humanitas*. 1997,X(1).

后 记

记得博士研究生入学报道的那一天，宿舍区的操场人声鼎沸；记得自己苦熬过的日日夜夜，宿舍外的寂静无声；记得刚入学时的踌躇满志和导师刘鸿鹤老师那温柔鼓励的话语；记得和师兄师妹们讨论、聊天时的音容笑貌。回想这一切，这些点滴，仿佛就在昨天，命运何其眷顾我，让我经历了人生这般美好的时刻，让我遇到了这般好的老师和同学，真是千言万语诉不尽感激之情。

回顾求学时光，我有幸遇到了刘鸿鹤老师，他的学术造诣何其深厚，他的为人处事何其正直，他在我遇到挫折时的鼓励，他在我骄傲时的鞭策，他在我论文写作时细致的教导使我坚持完成了学业，更使我受益终生。刘老师悟性天成，思想深邃，论文写作的整个过程，从构思到布局，从行文到润色无不倾注了他的心血。在生活中，刘老师更是我们的益友，对我们的关心无微不至，往往他的一句话使我们茅塞顿开，走出迷雾。刘鸿鹤老师正应了那句：师者，所以传道授业解惑者也。感激之情溢于言表，刘老师永远是我生活和学习的榜样。感谢我的硕士导师洪晓楠老师。最初来到大连理工大学的两年硕士学习是在他的谆谆教导下度过的。他一直非常关心我的学业和生活，他的处事原则和人格魅力默默影响着我，他是我可敬、可爱的师长。论文在写作、开题报告、中期报告和预答辩的过程中得到了大连理工大学马克思主义学院各位老师的悉心帮助和指导。

永远感谢我在吉林的父母。你们养育我，毫无怨言地支持我，你们的坚毅成为我手中坚实的盾牌，你们的淳朴和善良让我拥有了乐观的心态，从容、勇敢地面对生活中的困苦。求学许多年来，我未能尽孝心却一直让你们不断地支持我，心中羞愧，感谢怎么能够表达这浓浓的亲情。感谢弟弟的手足之情。感谢一直支持我、鼓励我、关爱我的李海波博士，你带给我的快乐和幸福使我的生活绚丽多姿，你给予我的温暖更是我心里的慰藉，与你的相知相惜是此生之幸。

时间转瞬即逝，不知不觉我来到泉城，来到山东青年政治学院已经快五年时间了。尽管五年中我从未停止学习和思考，但限于水平有限，本书难免有不当之处，敬请批评和指正。

段微晓

2013 年 3 月初稿于大连理工大学北山宿舍

2017 年 7 月修改于山东青年政治学院文外楼